Джон Кеннінг

ВЕЛИЧНІСТЬ

МИСТЕЦТВО ДОСТАТКУ, ВЛАДИ

І ДУХОВНОСТІ

Лондон
Великобританія
2023

Книга: "Величність"
Автор: Джон Кеннінг
ISBN: 9798399534046
Текст Copyright © 2023 Джон Кеннінг
Переклад: Олена Плиснеська
Українська мова
Перше видання – 2023 рік.

Видавництво:
Independently Published
Amazon Publishing Services
Друк і Розповсюдження:
Independent Writers Network
71-75 Shelton Street, Covent Garden, London, WC2H 9JQ, UK
www . independentwritersnetwork . com

Запис каталогізації публікації (CIP) цієї книги доступний у Британській бібліотеці.

Автор цієї книги не дає медичних порад і не приписує використання будь-якої техніки як форми лікування фізичних чи психологічних проблем без прямої чи непрямої поради лікаря.

Намір автора полягає лише в тому, щоб запропонувати інформацію загального характеру, допомогти вам у пошуках фінансового, особистого та духовного благополуччя.

У випадку, якщо ви використовуєте будь-яку інформацію в цій книзі для себе, є вашим правом, автор та видавець не несуть відповідальності за ваші дії

Книга "Величність" є результатом співпраці кількох незалежних письменників, які були запрошені компанією Джона Кеннінга для її написання.

Головна ціль цієї книги є розширення вашої віри в себе і зміцнення переконання, що ви є творцем свого власного життя. Вона надає вам інструменти, ідеї та натхнення, які сприяють розвитку вашого потенціалу та досягненню успіху у різних сферах життя.

Вона написана з метою посилити вашу внутрішню силу, допомогти вам відкрити власні можливості та стати активним учасником свого життя.

ВЕЛИЧНІСТЬ

МИСТЕЦТВО ДОСТАТКУ, ВЛАДИ
І ДУХОВНОСТІ

ЗМІСТ

ЧАСТИНА III

СИЛА

ЧАСТИНА IV
ГРОШІ

Передмова

Створення вашого життя може бути нескладним процесом, як тільки ви усвідомите метафізику Закону Всесвіту. Закон Всесвіту – це непохитний та нескінченний закон, який керує всіма аспектами нашої реальності. Він підрозуміває, що ми живемо у світі, де енергія та свідомість відіграють вирішальну роль у формуванні нашого досвіду.

Мудреці давнини розуміли цей закон і використовували його силу для досягнення своїх цілей. І хоча час минув, ця сила досі доступна і сьогодні. Вона не обмежена епохами чи історичними періодами. Ця сила залишається незмінною та доступною кожному з нас.

У нашому суспільстві ми часто чинимо опір до прийняття того, що не можемо пояснити логічно. Ми привчені до обмеженого матеріалістичного бачення світу, яке перетворює нас на пасивних спостерігачів подій. Нам кажуть, що ми маємо покладатися лише на логіку та науковий метод для розуміння та пояснення речей.

Метафізика Закону Всесвіту розширює наше розуміння та відкриває нам нові краєвиди. Вона стверджує, що Всесвіт має необмежений потенціал, а ми, як його частина, маємо силу, здатну впливати на наше життя і створювати свою реальність.

Усвідомлюючи цю істину, ми починаємо розуміти, що ми не просто пасивні спостерігачі, а активні учасники творіння. Ми можемо використовувати енергію та свідомість для залучення бажаних результатів та змін у своєму житті.

Однак це вимагає від нас зміни наших переконань та поглядів. Ми повинні відкритися для ідей щодо необмеженого потенціалу Всесвіту та нашу здатність використовувати цю силу у своєму житті. Необхідно розвинути в собі віру у власні можливості та довіру до процесу творіння.

Вправи, такі як медитація, візуалізація та позитивні твердження, сприяють встановленню нашого поєднання з цією силою та спрямовують її у потрібному напрямку. Вони допомагають нам очистити наш внутрішній світ від негативних переконань та емоцій, а також направити любов і світло вперед, залучаючи бажані зміни.

Коли ми усвідомлюємо метафізику Закону Всесвіту, ми бачимо, що наше життя не є випадковим і невизначеним, а є результатом нашої взаємодії з цим законом. Ми стаємо активними творцями своєї власної реальності і здатні досягти своїх цілей.

Таким чином, усвідомлення метафізики Закону Всесвіту розвиває в нас нові погляди та дає можливість використати силу творіння у нашому житті. Ми перестаємо бути обмеженими і починаємо відчувати справжню свободу та потенціал, який завжди був у наших руках.

ВСЕСВІТ

РОЗДІЛ I

Розуміння Всесвіту

Щоб стати творцем свого життя, треба звернути увагу на два аспекти Закону Всесвіту. Насамперед, у глибинах існування прихована незбагненна сила, а по-друге, ця сила бездоганна і позбавлена індивідуальності. Назвіть її Розумом Всесвіту, Свідомістю Христа або як вам завгодно. Це сила, що дозволяє людині усвідомити всеосяжну енергію життя, яку ми називаємо "Богом". Сила Всесвіту вічна і всюдисуща. Завдяки своїм необмеженим здібностям вона є невід'ємною частиною всього сущого і відіграє важливу роль у житті кожної людини. Саме тому у кожного з нас є необмежена сила.

Створення вашого життя пов'язане з поєднанням із цією силою, розумінням її особливостей та вмінням ефективно нею користуватися. Усвідомлення досягається завдяки розумінню того, що ця сила перебуває всередині вас. Ви визнаєте цей факт, кажучи: "Я вічний, безсмертний і нескінченний, і те, що я є, прекрасно". Таким чином, ви підключаєтеся до початку нескінченної енергії та готові до наступного етапу, який полягає у дослідженні її властивостей. Всесвіт неупереджений і безособовий. Він, як чиста енергія, здатний сприймати ваші бажання але не проводить відмінностей між вашими надіями, прагненнями, симпатіями та антипатіями. Він приймає всі думки, почуття та дії, які ви проектуєте, і відображає їх у вигляді життєвих обставин, з якими ви стикаєтеся щодня.

Як електричне світло освітлює і бордель, і будинок Попа, так і Всесвіт не розрізняє різні форми енергії у вашому житті. Він готовий надати вам все, у що ви вірите, не більше, не менше. Саме тому ключ до усвідомлення життя полягає у поглядах, які ви проявляєте через свої думки та почуття.

При народженні ваш розум – це чисте полотно, а ваші думки та почуття не знають меж. Маленька дитина беззастережно проектує свою непорочність у Всесвіт, вільну від обмежень вірувань. Діти часто роблять спроби, що здаються неможливими: вони керують автомобілями або безтурботно ходять по високих уступах, не знаючи про фізичні обмеження. Тільки пізніше виховання дозволяє їм пізнати межі, які люди встановлюють для них у своїх очікуваннях.

Однак ці обмеження та границі – лише ілюзії. Вони формуються шаблонами переконань, які здебільшого виникають з незнання і передаються з покоління до покоління. Цей набір шаблонних вірувань, або "колективна несвідомість", як називав її Карл Юнг, набуває сили у міру свого розвитку в часі. У кінцевому рахунку ці уявлення, які наступні покоління сприймають як фізичну реальність, стають жорстокими і панівними. Здавалося б, мільйони людей, які передували вам, визначили, який досвід вам необхідно отримати у вашому житті, і цього вам має бути достатньо, нічого більше.

Такі обмеження не враховують геніальність чи розуміння того, що ми перебуваємо в епосі швидкого розвитку. Фундаментальні структури змітаються хвилею усвідомлення, і нам вже недостатньо лише читати про великі творіння в минулому: ми хочемо пережити подібний досвід. Для більшості людей це здається недосяжним, оскільки вони понурені в обмеження свого тіла та розуму. Виховання настільки переважає у їхньому житті, що охоплює всю еволюцію, і вони лише поверхово відчувають духовне зростання.

РОЗДІЛ II

Життєва Місія

Ми - не просто наші тіла, емоції або розум, ні будь-які структури та обмеження, що оточують нас. Ми - нескінченна частина Живого Духа, яка використовує фізичну форму для духовного розвитку через особливе навчання, відоме як "повсякденне життя".

Потік реальної енергії чистого світла, властивої вищим вимірам, свідомо увійшло у тіло, в якому ви перебуваєте зараз, зробивши свій вибір. Ви обрали обставини свого життя як наступний етап на вашому нескінченному еволюційному шляху. Це життя дасть вам можливість розширити свою духовність, щоб ви стали ще більшим проявом безмежної життєвої сили, Живого Духа.

Ви можете запитати: "Чому я вибрав такі обставини мого життя, сім'ї, цього суспільства та країни? Чому я не вибрав більш сприятливе оточення, привабливе тіло чи більш розвинені здібності?" Відповідь на ці питання знаходиться за межами матеріального світу, у вимірі, де ви перебували у стані чистої енергії. Коли ви вступили у твердий вимір через народження, у вас уже була героїчна місія – ваш великий план. Природа вашого сенсу життя міцно відображена у найглибших куточках вашого Вищого "Я". Те, ким ви є сьогодні, насправді є частиною цієї установи, яка поступово здійснюється на різних етапах вашого шляху незалежно від того, як ви почуваєтеся.

Ваш розум став реєструвати події, думки та почуття лише з моменту вашого народження. Він не знає про ваше героїчне призначення і не розуміє Живого Духа, який взаємодіє з вашим безмежним потенціалом, вашим Вищим "Я". Чому? Наше героїчне призначення часто розкривається через подолання випробувань і квестів. Ці виклики допомагають нам розвиватися і розширювати свої межі, набуваючи нові навички та знання. Якби ми заздалегідь знали всі аспекти нашого призначення, не було б місця для зростання і самопізнання.

Щодо метафізики, слід зазначити, що її розуміння може відрізнятися залежно від племінних чи релігійних переконань. Важливо зберігати відкритий розум і не приймати абсолютних тверджень, щоб мати можливість більш повного і глибокого розуміння тонкої енергії та її впливу на наше життя. Дослідження та самопізнання допоможуть нам розширити межі нашого розуміння та глибше проникнути у метафізичні аспекти нашого існування. Жодне реальне розуміння Всесвіту чи сили Живого Духа ніколи не було включено до різноманітних моделей переконань "колективної несвідомості" в нашому суспільстві.

Припустимо, що ваше героїчне призначення в житті полягає в тому, щоб знайти любов до себе і взяти на себе повну відповідальність за свою сутність. Наприклад, у вас були попередні досвіди на землі, в яких ви відчували себе слабкими і метафізично покладалися на інших людей, на зовнішні джерела енергії, замість того щоб виробляти внутрішню енергію і займатися своєю підтримкою. Якби ви заздалегідь знали це, ви, мабуть, обрали б один шлях замість іншого. Ви надали б перевагу інтелекту, ґрунтуючись на бажаному способі життя або відчуттях, яких прагнете, і ваш розум переважав би на кожному кроці. Але еволюція не розвивається прямолінійно. Слабкість не може бути подолана шляхом боротьби чи розроблення плану дій для її усунення. Ви перемагаєте слабкість, відмовляючись від неї. Це означає, що ви починаєте усвідомлювати внутрішні тенденції, які пригнічують вас, не підтримують віру в себе і не сприяють розвитку любові до себе, тоді ви кажете: "Я більше не бажаю бути таким". Потім ви відмовляєтеся від сумнівних стежок колективної несвідомості та стаєте на шлях дисципліни. Час від часу ви можете відступити назад, але як тільки ви вирішите прийняти шлях дисципліни, сила Живого Духа завжди буде присутня з вами на різних етапах вашого життя.

Спочатку ви можете відчувати протистояння, бо ваш розум неохоче приймає вказівки і не розуміє сутність вашої місії на Землі, він не усвідомлює і тих правил, що керують вашим потенціалом. Розум буде прагнути "радити" вам логічно, ґрунтуючись на своєму власному досвіді, але саме логіка виявиться смертельною для тієї надзвичайної частини вас, яка здатна створювати своє життя.

ОСОБИСТІСТЬ

РОЗДІЛ I

Палац Борців

Напевно, кожен з нас пам'ятає, як у дитинстві нам постійно повторювали, що для досягнення чогось значущого в житті потрібно наполегливо працювати. Життя сповнене труднощів і страждань, і ми повинні бути готові боротися за свої мрії, заслужити любов і повагу оточуючих. Якщо ми цілеспрямовані на успіх, то для отримання результату доведеться докласти неймовірних зусиль. Я також згадую слова моєї мами: "Терпіння і важка праця всі страждання розмолють".

Але чи це правда? Подивіться на природу. Вона також витрачає зусилля на своє існування, але не страждає. Рись не прокидається вранці з думкою, що сьогодні вона страждатиме щоб вижити. Вона просто робить те, що їй необхідно, і йде своїм шляхом. Десь у лісі на стежці вона зустріне їжу, потім відпочиває та продовжує своє життя. Так, можливо, їй доводиться побігати і докласти деяких зусиль, щоб вижити, але це не означає, що вона страждає.

І ви, можливо, повинні перетнути місто, щоб отримати гроші. Однак, важливо усвідомити різницю між прикладанням зусиль та стражданням. Фізичні зусилля необхідні для нашого існування, але страждання - щось більше, це емоції і розпач, переплетені з нашими зусиллями. Не давайте стражданню очолити ваше життя. Прийміть життя таким, яким воно є, і докладіть зусиль до того, що потрібно зробити. Життя може бути не простим, але вам не потрібно страждати. Подумайте: якщо ви берете на себе повну відповідальність за своє життя і усвідомлюєте, що ви самі створюєте свою долю, вам стане очевидно, що життя в основному відображає ваші приховані думки і почуття - те, що ви думаєте про себе.

Якщо протягом багатьох років ви вселяли в підсвідомість думки про те, що життя - це постійна боротьба, то ви неминуче відображатимете цю ідею у своєму житті, навіть якщо не усвідомлюєте цього. Ця думка все одно присутня глибоко у вашій підсвідомості і постійно проявляється у вашому житті. Щоразу, коли щось йде занадто добре або стає занадто легко, ваша підсвідомість починає випромінювати енергію, яка говорить: "Увага! Це занадто просто. Давайте зруйнуємо наші плани або стосунки, щоб ми могли пережити обставини, що відповідають нашій внутрішній вірі, що потрібно страждати щоб чогось досягти".

В результаті всі справи розвалюються, і ви відчуваєте, ніби намагаєтеся пхати медведя через вузькі двері. Як тільки ви подолаєте труднощі та випробування "божевільного щастя" протягом деякого часу, ваше внутрішнє Вище "Я" притягне вас назад до колишніх обставин, які лише кілька тижнів тому здавалися непереборними.

Ця книга допоможе вам розпізнати боротьбу, виявити причини та усунути їх. Почнемо з розгляду деяких найпоширеніших борців. Впевнений, вам буде цікаво дізнатися, чи є серед них хтось із ваших друзів та знайомих.

Герой: Багато чоловіків і деякі жінки люблять боротися. Чоловіча версія звучить так: "Якщо я прикладатиму багато зусиль і швидко пересуватимусь, люди вважатимуть мене зайнятою людиною і проявлятимуть до мене повагу. Для мене не так важливо, чи досягну я кінцевих результатів, головне - виглядати працелюбним. Для того, щоб переконати всіх у моєму героїзмі, я буду влаштовувати постановочні ситуації, заповнювати свій графік подіями, зустрічами, які триватимуть годинами і матиму неймовірну важливість. Звичайно, мої дії призведуть до певної напруги, але це лише частина моєї стратегії, бо моя метушня буде розцінена як моя відповідальність, люди будуть любити і поважати мене." Але, насправді будь-яка розумна людина розглядатиме такого бігуна як повного ідіота. Його слабкість, тобто відсутність особистої приналежності, очевидна. Він вибрав свою долю як жертву в надії на прихильність чи визнання, його дії лише підкреслюють те, що він не контролює себе і не має розуміння у тому, що робить.

Іншим борцем, що часто зустрічається, є **антигерой**. Ця людина відчуває глибоке невдоволення із собою та своїм місцем у суспільстві. Можливо, він народився з якимось недоліком або постраждав від якоїсь іншої кривди, тому відчуває, що не може знайти свого місця у світі. В результаті він змушений діяти поза суспільством і йому важко приймати допомогу від інших.

Антигерой часто працює над проектом, намагаючись досягти успіху, але зрештою виявляється незадоволеним. Навіть якщо він досягає успіху, йому здається, що це не має значення, тому що йому необхідне визнання. Він часто руйнує свої досягнення і починає боротися за нові цілі.

Якщо антигерой стане частиною суспільства, наприклад, влаштується на роботу в компанію, він завжди знаходитиме недоліки в будь-якій ситуації. З насмішкою він спробує змінити правила або зруйнувати систему, що склалася. Такі дії часто загрожують оточуючим і рано чи пізно призведуть до його звільнення.

Антигерою доводиться боротися із системою, а не використовувати її для своїх цілей. Через це він завжди залишається з порожніми руками. Ніхто не підтримує його, і він часто почувається самотнім. Навіть якщо він знаходить розуміння і підтримку, він зазвичай ігнорує її, зосереджуючись на труднощах, які неминуче супроводжують його в житті.

Інший тип борця - **професійний слабак**. Це той, хто не бажає приймати відповідальність за свої вчинки та дії. Він заперечує свої помилки і навіть готовий з легкістю звинувачувати інших за невдачі. Його боротьба - це спроба уникнути будь-яких труднощів та проблем, і він часто обирає найлегший шлях. Але його слабкість призводить до того, що він не може досягти нічого значущого, і його життя стає порожнім і безцільним.

Один із видів слабаків - **"самозадоволений" слабак**. Він вважає себе найкращим і не потребує жодної допомоги. Він відкидає суспільні норми та очікування, живе за своїми правилами та постійно конфліктує з оточуючими. Він бореться проти системи, але в результаті його дії призводять лише до погіршення ситуації та ще більшого відчуження від суспільства. Його непохитна віра у свою бездоганність і відмова від змін перешкоджають йому у рості та розвитку, залишаючи його життя статичним та обмеженим.

Один з широко поширених архетипів серед жінок - **Афродита**, що має мужні риси. Вона часто виконує роль, відому як "Прийміть мене, я прекрасна. Я - справжня Богиня, така ж сильна, як будь-який чоловік, якщо не сильніша". Для цього вона може одягати чоловічий одяг, захоплюватися швидкими автомобілями і ставати надто агресивною, намагаючись замаскувати свою невпевненість. Більше того, вона іноді прагне наслідувати успішних чоловіків.

Насправді, бути Афродитою – це стомлююча роль, яка потребує постійної підтримки божественної пози. Однак інші люди не завжди впізнають у ній справжню Богиню, і тому їй доводиться витрачати багато енергії, щоб переконати їх у своїй правоті. Коли жінка намагається наслідувати чоловіка, вона фактично каже: "Я знаю, що я не така сильна". Але насправді більшість жінок має глибоку духовну силу, яка перевершує їх зовнішній вигляд, і якщо вони це усвідомлюють, то здатні досягти величезного успіху.

Ще один приклад - жінка, що створює свою власну трагедію під назвою **"В'януча Лакфіоль"**. Вона зображує себе як безпорадну, слабку і неспроможну істоту, нездатну впоратися з життєвими проблемами. Вона сподівається, що хтось звільнить її від страждань і піклуватиметься про неї.

Однак такий підхід не працює. "В'януча Лакфіоль" залучає у своє життя людей, готових допомогти їй, але лише на короткий час. Потім вони відходять, а Лакфіоль залишається з її стражданням. Її прагнення бути жертвою тільки посилюється, і вона продовжує шукати нових людей, які піклуватимуться про неї. На жаль, це не вирішує її проблем. Щоразу, коли вона грає свою роль, вона відчуває, що її цінність як особистості зменшується, вона занурюється у свою гру жертви і не здатна вийти з неї. У результаті, вона залишається одна, без міцних стосунків та справжнього кохання. Ми знайомі із такими людьми. Коли ви спілкуєтесь з ними, вони закидають вас своїми проблемами, не просячи допомоги, а бажаючи лише вашої уваги. Таке життя рано чи пізно притягне її до людей, які використовуватимуть її для досягненні своїх особистих цілей.

Що поєднує цих персонажів? По-перше, всі вони досить не розумні. По-друге, їм важко правильно сприймати себе та своє життя, вони не можуть знайти баланс і часто грають роль, приховуючи свої справжні почуття. Однак якщо вони зроблять невеликі корективи у своєму ставленні до життя і до себе, то зможуть перейти від боротьби до потоку.

Боротьба з власними проблемами вимагає напружених зусиль, тоді як потік є природним станом нашого існування. Він походить з прийняття себе та вміння розумно балансувати своє життя.

РОЗДІЛ ІІ

Визначення Боротьби

Багато хто з нас опиняється в боротьбі, не розуміючи, що відбувається, оскільки боротьба не є нашою природною реакцією. Щоб почати зменшувати рівень боротьби у житті, необхідно спочатку усвідомити її наявність. Давайте ретельно розглянемо кожен аспект вашого життя та оцінимо, яку користь ви отримуєте від нього в порівнянні з тим, скільки вкладаєте. Рекомендується також використовувати "вимірник боротьби" - уявний пристрій, створений вашим розумом, для оцінки рівня зусиль, які ви вкладаєте у різних сферах життя, щоб визначити, наскільки ви знаходитесь у стані боротьби. Ось деякі з цих сфер:

Фізичне тіло: фізичне тіло є основним інструментом нашого життя. Навіть якщо воно слабке через генетику, не варто зневірятися. Використовуйте свої сильні сторони проявляючи свою волю та витривалість. Як весляр у човні, ви можете продовжувати рух навіть без весла, повільно, але впевнено досягаючи своїх цілей. Час, який ви маєте, використовуйте на повну, насолоджуючись процесом і своїм зростанням.

Якщо ваша слабкість не генетична, докладіть максимально зусиль на оздоровлення свого тіла. Це може бути складно, прикладати зусилля, але тільки в такий спосіб ви зможете подолати свої обмеження і відчути себе сильнішим. Кожен крок у напрямку покращення вашого здоров'я та енергії наближатиме вас до мети, відкриваючи нові можливості та надихаючи рухатися далі.

Пам'ятайте, що ваше тіло – ваша фортеця, воно запорука вашого успіху та щастя, тому не забувайте про нього.

Емоційний баланс: ваша емоційна стабільність залежить від вашої реакції на навколишній світ. Виховання відіграє важливу роль, нас вчили кричати, щоб добиватися свого у дитинстві. Однак такі звички можуть бути присутніми і в дорослому житті, коли ми думаємо, що галас і метушня допоможуть нам бути коханими. Але не забувайте, що ваша реакція на ситуацію - це лише ваша особиста думка, яка не обов'язково відповідає дійсності. У будь-якому випадку ви можете зберігати об'єктивність та реагувати так, як вважаєте за правильне. Важливо навчитися прощати себе, бути об'єктивним і розглядати своє життя у ширшому контексті. Кожен життєвий досвід стає для вас уроком на шляху до кращої версії себе.

Намагайтеся оцінити рівень своєї емоційної збудливості. Кожна людина має свій рівень збудливості, і якщо ви помічаєте, що у вас починає підніматися емоційна хвиля, знайдіть щось позитивне, щоб відразу ж заспокоїтися. Не забувайте про важливість спілкування з іншими – воно часто допомагає впоратися зі стресом та негативними емоціями.

Також уникайте конфліктних ситуацій. Запам'ятайте, що тільки дурень стоїть і доводить свою правоту, в той час коли мудрий відходить. Не варто витрачати час на спроби переконати когось у своїй правді, якщо це до нічого не призводить. Краще уникати людей та ситуацій, які викликають негативні емоції, і не забувайте про можливість просто піти, якщо ситуація стає нестерпною.

Відносини: дзеркало, в якому ми можемо побачити своє відображення і краще пізнати себе. Саме тому багато з них бувають складними і викликають у нас бурхливі емоції. Якщо ви зіткнулися з проблемами у відносинах, настав час задуматися, що саме викликає у вас настільки сильне роздратування. Яке майбутнє ви бачите у стосунках і що можна зробити, щоб їх покращити? Які перешкоди заважають розвиватися відносинам та досягати бажаного рівня? Які ваші очікування, і наскільки вони відповідають реальності? Чи готові ви віддавати та отримувати у відносинах? Чи можуть помилкові надії бути нормою для вас, чи ви готові змінити ситуацію? Відповіді на ці запитання допоможуть вам краще зрозуміти себе та свої стосунки.

Життєві обставини: чи впливають ваші поточні обставини на ваше особисте зростання? Чи роблять вони позитивний вплив на вас? Чи, навпаки, ви повністю залежите від своїх життєвих обставин? Якщо відповідь позитивна, то що ви збираєтеся зробити, щоб змінити свою ситуацію? Який рівень боротьби ви готові проявити в цьому випадку? Наприклад, чи ви витрачаєте більше часу та зусиль на догляд за своїм будинком, ніж користі яку отримуєте від нього?

Фінанси: як ви керуєте своїми фінансами? Питання не полягає в тому, чи маєте ви достатньо грошей. Швидше, йдеться про те, чи збалансований ваш фінансовий стан у контексті вашого життя? Якщо відповідь негативна, то, швидше за все, ви намагаєтеся підтримувати спосіб життя, який вимагає від вас більше, ніж ви можете дозволити собі на даний момент. У будь-якому випадку, завжди будьте відкритими для прийняття нових можливостей та отримання грошей.

Навколишній світ: мова йде про ваше ставлення до навколишнього середовища. Ваше життя та еволюція залежать тільки від вас, інші люди живуть відповідно до своєї еволюції, це їхні власні справи. Якщо ви дозволяєте людям впливати на ваш емоційний стан, ви позбавляєте себе здатності приймати рішення і стаєте в'язнем інших. Якби ви мали можливість змінити світ, чи хотіли б ви скористатися цією нагодою? Якщо так, то що було б вашим мотивом чи причиною прагнення змінити світ?

Спроба змінити щось у світі є нескінченною боротьбою. Однак, якщо ви зможете поглянути на світ як на нескінченну еволюцію, ви зрозумієте, що він уже досконалий за своєю природою і не потребує змін. Наше обмежене бачення та почуття можуть змусити нас бачити світ не таким, яким він є.

Ви можете негайно здобути щастя і свободу, якщо перестанете намагатися змінити світ і почнете працювати над собою. Кожен із нас пов'язаний один з одним, і ми можемо служити всьому людству, зміцнюючи віру в себе та проходячи еволюцію разом.

Конфлікти: як ви керуєте конфліктами? Конфліктні ситуації виникають через розбіжності думок. Проте варто задуматися: чи варто витрачати час та зусилля, намагаючись переконати інших у своїй правоті? Адже якщо ви дійсно вірите в те, що кажете, чому б не дати іншим людям можливість самостійно дійти до такого ж висновку? Якщо ваше твердження відповідає дійсності, то важливо застосувати раціональні аргументи, але не стільки для того, щоб здобути моральну перемогу, скільки для встановлення справедливості у своїх роздумах. Розуміння співрозмовника, звичайно, важливе, але не забувайте, що головне – розуміння самого себе та своїх цінностей.

Стрес: наскільки ви здатні впоратися зі стресом. У сучасному світі зі своїм напруженим ритмом життя та постійними зобов'язаннями стрес є неминучим явищем. Як ви реагуєте на стрес – емоційно чи ні? Чи знаєте ви, як упоратися з ним? Деякі люди навмисно створюють стресові ситуації, щоб зазнати емоційного хвилювання у своєму житті. Вони насолоджуються адреналіном, що виділяється їх організмом. Однак вам не обов'язково шукати екстремальні ситуації, щоб відчути хвилювання і радість від життя.

Психологічний стан: якщо ви відчуваєте сум і тугу, це може бути пов'язане або з вашим фізичним здоров'ям, або з вашим мисленням. Важливо зрозуміти, який із цих факторів має найбільший вплив на вас.

Духовний баланс: баланс - це наш природний стан, який часто порушується, коли ми прагнемо досягти чогось, докладаючи значних зусиль для досягнення мети. Різниця між людьми, які духовно розвинені, і тими, хто менш розвинений, полягає в їхній відвертості до себе та відповідності до свого внутрішнього Вищого "Я". Духовні люди не вдають і не шукають виправдання, вони живуть у правді свого існування і розуміють, що не є досконалими. Однак більшість людей слабкі і схильні до фальші. Вони грають ролі, які не відповідають їх сутності, виборюють підтримку свого его і часто не усвідомлюють, що каже їм Вище "Я". Таке роздвоєння особистості призводить до хворобливого прагнення досягти цілей, що не відповідають справжній сутності. Їх енергія і стиль життя розколоті, і всі зусилля стають напруженими і дратівливими.

РОЗДІЛ III

Парад Борців

Нижче перераховані одинадцять поширених причин, які часто призводять до боротьби, свого роду парад борців. Можливо, ви впізнаєте у них когось зі свого оточення. Давайте разом розглянемо цю проблему. Далі я наддам вам потужний план дій, який допоможе подолати обмеження, пов'язані з боротьбою.

Потреба Визнання

Більшість людей, занурених в боротьбу, страждають від низької самооцінки, що змушує їх постійно шукати визнання та схвалення оточуючих. Однак, навіть якщо їм і вдається його отримати, воно не приносить їм справжнього задоволення. Це тому, що вони не знають, хто вони насправді, і переводять свою увагу на матеріальні символи життя, які не є справжніми показниками їх цінностей.

Замість того, щоб зосередитись на своїх внутрішніх якостях та цінностях, вони бачать у зовнішніх речах підтвердження свого статусу. У результаті їхнє життя стає постійною боротьбою за збереження вигаданого образу. Однак, жодна кількість матеріальних речей не може заповнити порожнечу, яка є всередині, і емоційне задоволення від придбаних речей швидко зникає. Вони завжди шукають нові символи підтвердження, щоб відчути себе важливими та значущими.

Коли життя не йде так, як вони хочуть, вони можуть відчувати розчарування і висловлювати своє невдоволення, оскільки втрачають підтвердження свого статусу. В такі моменти вони можуть почуватися загубленими і не вірити у свої власні сили.

Велике Его

Борці зазвичай проявляють підвищену зарозумілість, перебільшуючи свої можливості, що може призвести до розчарування, коли вони не зможуть задовольнити свої потреби. Фактично, вони намагаються нав'язати іншим свою особистість, оскільки не можуть зрозуміти, хто вони або не вірять у своє справжнє Вище "Я". В надії на компенсацію вони звертаються до матеріальних речей, щоб прикрасити своє життя.

Ви є частиною Живого Духа, що перебуває всередині вашого тіла, але водночас ви обмежені своєю особистістю. Вище "Я", має знання свого істинного напрямку і володіє внутрішньою силою, тоді як особистість оперує зовнішньою силою - силою его. Коли ваша особистість рухається відповідно до напряму Вищого "Я", все йде добре. Проте, коли особистість відхиляється у іншому напрямі, виникають внутрішні конфлікти. Важливо пам'ятати, що духовна складова є реальністю справжнього життя, тоді як особистість функціонує у спотвореній версії істини.

Шляхетна Боротьба

Люди, які не здатні контролювати своє життя, часто намагаються виправдати свою боротьбу, переконуючи себе, що їхні страждання мають благородні мотиви, і що Бог схвалює їхню боротьбу. Однак, якби ви були Богом, мабуть, ви не прийняли б це серйозно.

Нереалістичні Цілі

Особистість борця самостійно визначає, що їй необхідно для досягнення почуття задоволення і наскільки швидко їй потрібно досягти цих цілей. Проте часто борці ставлять перед собою нездійсненні цілі, встановлюють дедлайни на півроку вперед, але їхні зусилля не відповідають метафізичному рівню підготовки. В результаті виникає розрив між тим, що вони вважають за можливе, і тим, що насправді є реальним.

Вони стають нетерплячими і борються невтомно, щоб укластися у свій термін. Під час цієї шаленої подорожі до своєї мети, борці створюють навколо себе метафізичні бар'єри, які стають перешкодами на їхньому життєвому шляху. Ці бар'єри створюють енергетичну статику, яка заважає прояву їхнього вищого потенціалу. Вище "Я" спрямовує їх на захід, але борці не чують його голосу і наполегливо рухаються на схід.

Вони зосереджені виключно на своїй меті, не звертаючи уваги на шлях, що веде до неї. Думки про досягнення мети поглинають їх настільки, що вони втрачають можливості спрощення чи скорочення шляху.

Цей тип борців даремно оратиме безплідну землю, не звертаючи уваги на біль, страждання та неефективність своїх дій.

Відсутність Розуміння

Борці недостатньо розуміють фізичну реальність і не вміють орієнтуватися на ринку життя. Часто вони відступають і блукають безцільно, тому що не можуть зосередитися на життєвому шляху і не розуміються як налаштувати життя. Деякі борці уникають турбот і воліють легке життя, вважаючи, що хтось має забезпечувати їх існування. Але, як правило, вони розчаровуються, коли обставини не відповідають їхнім очікуванням.

Крім того, багатьом борцям не вистачає метафізичних знань і вони не усвідомлюють, як Всесвіт впливає на їхнє життя. Замість того, щоб створювати позитивну енергію і вичікувати, коли життя наддасть їм те, що вони дійсно хочуть і чого потребують, вони наполегливо переслідують мету, спираючись на свої емоції та потреби, що тільки відштовхує можливості від них.

Думка Інших

Борці часто виявляють високу соціальну активність і прихильні до соціальної реальності, приймаючи думки оточуючих за незаперечну істину. В результаті виникає тиск виконувати нереальні очікування інших, які не відповідають власним потребам. Вони можуть сильно переживати, що оточуючі думають про них, оскільки не мають достатньої впевненості у власних силах.

Щоб уникнути попадання в цю пастку, необхідно усвідомити, що ваше життя є унікальною і священною еволюцією. Вам слід зрозуміти, що тільки ви самі маєте право та можливість приймати рішення, які найкраще відповідають вашим потребам та прагненням. Важливо пам'ятати, що думки та очікування оточуючих не мають значення, оскільки вони не знають усіх фактів вашого життя. Люди намагатимуться маніпулювати вами, щоб підтримувати свої інтереси, але коли ви перестаєте шукати схвалення інших, тому що повірили в себе, їх маніпуляції стають безглуздими.

Ви можете любити інших і розуміти, що вони грають свою гру, але не обов'язково брати участь у ній. Зрештою, ви можете просто піти. Таким чином, єдиний шлях – це незалежність, яку можна розвинути, не реагуючи на маніпуляції.

Відсутність Стабільності

Стабільність є ключем до безтурботного існування. Вона означає рівновагу у всіх сферах життя. Для досягнення стабільності у житті потрібне вміння керувати та контролювати різні сфери свого існування. Хоча це може бути важко, але ви повинні постійно рухатися у напрямку повної самореалізації. Це означає, що ви не дозволите життю прогнути вас. Відхиляючи ситуації, які не відповідають вашим цілям – ви розвивайте свою силу. Ви є полководцем своєї власної армії та приймаєте рішення, які завжди рухають вас вперед до вищої енергії та добробуту.

Це є ваше право насолоджуватися тим, що маєте, і ким ви є в даний момент. Якщо ви ніколи не будете задоволені собою, ви ніколи не будете справжніми. Ви повинні бути щасливі з тим, хто ви є сьогодні. Навіть якщо ви не ідеальні, ви повинні навчитися приймати і любити себе таким, яким ви є. Якщо ви не приймете себе і не пройдете всі свої життєві уроки, ви не зможете рухатися вперед.

Коли ви чините опір змінам, ви залишаєтеся на місці, застрягаючи у своїй комфортній зоні. Деякі люди звикли битися головою об стіну, сподіваючись на диво, але, на жаль, такий підхід не сприяє досягненню успіху. Ви повинні навчатися сьогодні, щоб завтра подбало про себе. Якщо ви живете так, як жили раніше, ви ніколи не досягнете своїх цілей. Однак, якщо ви продовжуєте навчатися і розвиватися, ви завжди рухатиметеся вперед до нових досягнень та захоплюючих можливостей.

Відсутність Концентрації

Ключовий елемент для особистого зростання та розвитку – це концентрація. Решта факторів має другорядне значення, тому що ваша енергія зосереджена там, де ви концентруєте свою увагу. Коли ви повністю занурюєтеся в те, що ви робите, ви отримуєте більше результатів та залучаєте всі свої внутрішні та зовнішні сили, щоб розширити свої можливості. Однак розум не любить концентруватись. Більшість людей не можуть зосередитись на одній ідеї навіть на хвилину. Якщо ви зосереджуєте свої думки у певному напрямку, то ви посилюєте цей напрямок своєю енергією. Але якщо ви відволікаєтеся вже через п'ятнадцять секунд, всі ваші сили розсіюються.

Коли ви зосереджуєтеся на чомусь протягом декількох секунд, а потім переключаєтеся на щось інше, тоді ви посилаєте Всесвіту багатосторонні та нерішучі повідомлення, і він не знає, чого ви насправді хочете. Успішні люди розробляють план дій і концентруються на ньому до завершення, а потім переходять до нового. Вони приділяють кожній ідеї повну увагу і свою свідомість, доки вона не стає реальністю.

Часто ваш розум грає з вами в злий жарт. Ви починаєте працювати над проектом, і за п'ятнадцять хвилин розум підходить і каже: "Я ненавиджу концентруватися на цьому. Давайте вип'ємо каву". І проект відкладається. Або телефонує телефон, людина на іншому кінці не знає, що ви зайняті, і її намір полягає в тому, щоб поговорити з вами. Ви дозволяєте розуму використовувати дзвінок, щоб відволіктися. Тільки через концентрацію ви накопичуєте свою силу. Якщо ви зумієте зосередитися на своїй меті, то ви переможете у своїй внутрішній боротьбі.

Потворне Життя

Ви головнокомандувач своїм життям. Складіть стратегічний план і слідуйте йому, але будьте готові до зміни напрямку, якщо потрібно. Течія життя може занести вас у нову затоку. Життя, також процес проектування, і для досягнення цілей необхідна дисципліна. Чи заслуговуєте ви на все, чого хочете і чи готові до цього? Уникайте прихильності до матеріальних речей та живіть простим життям. Оцінюйте обставини і вирішуйте, чи потрібно концентрувати свої зусилля у цьому напрямі. Часто виявиться, що вони не варті того.

Безпорядок

Для подолання боротьби вам необхідно мати порядок навколо себе та у своєму житті. В іншому випадку ви будете марно витрачати свою енергію і час на безглузду розгубленість.

Нерозуміння Ринку Життя

Ви є невід'ємною частиною Розуму Всесвіту, але також є фізичною істотою. У зв'язку з цим, настане момент, коли необхідно буде донести вашу творчість людям і реалізувати її на ринку життя. Це вимагатиме концентрації зусиль та координованих дій, які можуть здатися неприємними, особливо для тих, хто не звик зосереджуватись. Однак саме через ці сконцентровані дії ви досягнете бажаних результатів.

РОЗДІЛ IV

Залишити Боротьбу

Немає більш прекрасного подарунку для себе та оточуючих, ніж ваше рішення припинити боротьбу, адже боротьба - це безплідна битва, яку ви ведете із собою. Вона не відповідає вашій природі буття. Нижче вказано вісім ознак, на які варто звернути увагу, щоб перейти від боротьби та страждань до абсолютної свободи.

Мислення

Перехід від боротьби до легкості життя залежить від того, як ми сприймаємо нашу реальність. Кожна людина по-різному реагує на ті самі обставини, сприймаючи їх як боротьбу або як легку працю. Важливо зауважити, що боротьба виникає в наших думках та емоціях, тому для подолання її необхідно навчитися ставити собі правильні питання: які мої емоції та думки присутні у цій ситуації? Іноді зміна погляду на речі може допомогти подолати боротьбу та призвести до легкості. Не завжди потрібно витрачати величезні зусилля, щоб досягти успіху, часом достатньо трішки змінити свій підхід.

Для того, щоб щось змінити, необхідно звернути особливу увагу на основи вірувань. Занурившись у вивчення своїх переконань та емоцій, ви почнете усвідомлювати, як ефективно задіяти Закони Всесвіту у своєму житті. Нам властиво прагнути неможливого, одночасно формуючи міцні переконання у тому, що можна зробити, а що ні. Ви можете стрибати на певну висоту, але не вище; бігти з певною швидкістю, але не швидше; обіймати певну посаду, але не більше.

Оскільки більшість комерційних літаків літають зі швидкістю близько тисячу кілометрів на годину, найшвидший час, за який можна дістатися з Лондона до Дубаї, становить близько семи годин. Але що, якщо я розповім вам про людину, здатну перемістити своє тіло на кілька тисяч кілометрів всього за кілька секунд. Ваш розум буде сканувати свої банки пам'яті та малювати прогалину, в результаті чого ви можете дійти висновку, що це нереально. Потім, можливо, ви звернетеся до наявних наукових даних і зробите висновок про недосяжність такого явища. Вся сукупність наукових знань та сучасного мислення є продуктом однієї й тієї ж колективної несвідомості. Просто факт того, що мільярди людей не можуть уявити собі людину, яка перетинає сім тисяч кілометрів всього за кілька секунд, не робить це неможливим. Проте мільярди людей помиляються.

Прямо тут, на нашій планеті, існує вимір, в якому можливий такий вчинок, і в наші дні тільки кілька людей знають про нього і використовують його силу. Тут ключовими факторами є сприйняття та віра. Ваша здатність бути творцем свого життя повністю залежить від вашої можливості, як легко і швидко ви можете звільнитися від кайданів колективної несвідомості. Ваша прихильність до колективної думки чи загальноприйнятих переконань утримує вас.

Все, що закладено у вас, і досвід, який ви отримали з народження, стає вашим головним випробуванням у цьому житті. Ваша духовна мета полягає в тому, щоб зробити крок уперед, переступивши лінію обмежень. Розуміючи, що для досягнення більш високої свідомості вам необхідно залишити зону комфорту та сміливо йти у незвідане. У процесі свого розвитку та духовного зростання ви часто стикаєтеся з викликами та переживаєте почуття втрати, відпускаючи старі переконання, звички та образи мислення.

Безліч історій та релігійних текстів про шлях до Вищого підкреслюють значення індивідуального пізнання та само відкриття. На самоті ви глибше занурюєтеся у власну свідомість, досліджуючи свої думки, емоції та переконання. Це дозволяє вам усвідомити ваші справжні потреби та проникнути у глибинні верстви вашого існування.

Рухаючись у напрямку вищої свідомості, ми відмовляємося від старої енергії, яка може бути звичною та комфортною, але такою, що обмежує наш розвиток. Це може викликати почуття втрати та невизначеності. Однак, у цьому процесі ми здобуваємо нову енергію, нові можливості та нове розуміння, що допомагає нам розширити межі своєї свідомості та стати ціліснішими та високорозвиненими істотами.

Коли ви робите цей важливий крок, ваше сприйняття навколишнього світу поступово розширюється, відчиняючи двері перед вищими вібраціями енергії. Ви усвідомлюєте, що думки інших лише відображають їхню власну еволюцію і не охоплюють усі об'єктивні факти.

Завдяки п'яти почуттям ми взаємодіємо з навколишнім світом, розкриваючи таємниці "вікон душі". Нас не вчать розпізнавати потенціали та можливості, властиві цим почуттям. Кожне з них має глибокі виміри, що простягаються за межі нашого звичайного сприйняття, і ці виміри відкриваються перед нами в міру нашого власного прогресу.

Давайте разом поринемо в унікальний світ наших почуттів. Крізь почуття ви можете відкрити двері до інших здібностей. Яснобачення, як здатність більш глибокого сприйняття, може бути розвинене із дивовижною швидкістю. Воно не настільки чітке і яскраве, як екстрасенсорне сприйняття, але все ж таки занурює нас у суть речей і дозволяє переступити поріг у виміри, які були доступні лише деяким.

Весь навколишній світ пронизаний незбагненною енергією - ваше тіло, ваші внутрішні органи, ваші думки, ваш фізичний простір, події вашого життя - всі вони випромінюють потоки цієї енергії. Частина цих енергій вам доступна, використовуючи п'ять почуттів, але більша частина залишається прихованою за межами звичного сприйняття.

Занурившись у могутність Всесвіту і приборкуючи ваш розум шляхом концентрації і самодисципліни, ви починаєте усвідомлювати тонкощі навколишніх вас енергій. Ви відкриваєте для себе можливість використовувати свої почуття, як навігатор у житті.

Наближаючись до будь-якої ситуації, довірте своїм почуттям оцінити все, що перед вами. Що вони вам кажуть? Яка частина майбутнього відкривається перед вами, а яка залишається недоступною? Згодом ця практика стане більш легкою та точною. Хоча ви не завжди маєте можливість візуально побачити або повністю зрозуміти всі нюанси навколишніх енергій, ви можете навчитися їх відчути і розпізнавати. Чутливість до енергій та інтуїтивне сприйняття дозволяють вам розуміти незримі сигнали та інформацію, що надходить від Всесвіту.

Події, що відбуваються у вашому житті, накопичують енергію в міру їхнього наближення до вас, і ви можете заздалегідь відчувати цю енергію за кілька тижнів і навіть роки до їхнього фактичного здійснення. Наукове співтовариство, знавці розуму, стверджують, що майбутнє неможливо передбачити, і це вірно для тих, хто в це вірить. Однак, у міру вашого виходу з колективної несвідомості світу, здатність відчувати і навіть бачити майбутнє стане для вас природним явищем.

Щоб ефективно використовувати силу Всесвіту, необхідно бути уважним до його проявів, які більшою мірою пов'язані з усіма подіями вашого життя. Потім поєднайте кожну подію з вашими глибинними почуттями та поглядами на світ. Зрозумійте, що коли все йде добре, воно відбувається виключно тому, що ви передали цей образ Всесвіту, і він відповів вам. Уявіть Всесвіт у ролі співробітника поштової служби у великій книжковій компанії. Він отримує ваше замовлення на певну книгу, але не знає вас особисто. Якщо в замовлення вказані деталі книги, він доставляє вам цю книгу. Незалежно від того, чи є ця книга вашою улюбленою чи не відповідає вашим уподобанням, його робота полягає в тому, щоб виконати замовлення, і щоб ви отримали саме те, що замовили. Він просто здійснює ваше бажання.

У повсякденному житті ваші почуття, емоції, думки та взаємини формують ваш запит, тому перш ніж ухвалити рішення змінити поточні умови, ви повинні бути впевнені у своїх бажаннях чого ви хочете від життя. Всесвіт не реагує на невизначені повідомлення. Вам необхідно чітко висловити свої думки, і бути готовими прийняти те, що ви очікуєте.

Припустимо, ви бажаєте виграти велику суму грошей, залишити роботу і провести залишок своїх днів, насолоджуючись сонцем. Ви мрієте про гроші і захоплюєтеся, кажучи: "Як було б чудово!" Але чи це те, чого ви хочете? Можливо, вам скоро стане нудно, і незважаючи на те, що ваше его прагне спокою на сонці, усередині себе ви можете сказати: "Можливо, мені потрібно було залишитися там, де я знаходився, там було більше можливостей".

Важливо усвідомити, що джерело сили та можливостей знаходиться усередині кожного з нас. Коли ви звертаєтесь до цієї внутрішньої сили і берете на себе відповідальність за своє життя, ви починаєте виявляти свій потенціал і створювати те, що служить вашим найвищим цілям. Може, отримаєте не зовсім те, про що ви думали чи чого хотіли, але краще бути готовим до наслідків.

Перед тим, як приступити до дій, варто трохи поринути у роздуми про ті умови чи матеріальні блага, які ви так бажаєте. Всесвіт тут виступає в ролі "продавця", що чекає на ваше чітке і детальне замовлення. Валюта, якою вам належить розплатитися, це ваша віра.

Для того, щоб створити щось з повною впевненістю, вам необхідно всередині себе встановити відчуття, ніби бажання вже збулося - стан, якого ви хотіли, вже став невід'ємною частиною вашого життя. Це може виявитися непростим завданням, адже ваш розум, не маючи розуміння про дії Всесвіту, буде чинити вам опір.

Ви кажете: "Я багатий", а ваш розум заперечує: "Ти не багатий". Виникаючий конфлікт заплутує Всесвіт, який має ось-ось виконати бажання вашого серця. Це протистояння протилежних енергій завжди було головним болем для просвітлених мислителів упродовж століть. Воно подібне до гонитви за Святою Грааль або знешкодження дракона. Існує метафора про "упокорення дракона негативу", яка вказує на необхідність подолання внутрішніх перешкод і викликів, пов'язаних з нашими негативними переконаннями, емоціями та поведінкою нав'язаних колективною несвідомістю. Образно кажучи, вам доведеться відмовитися від матеріального світу, хоч і продовжуватиме бути частиною фізичної реальності.

Виміри не знаходяться десь між вами та зірками, а розташовані прямо тут, на Землі – вони ваші внутрішні світи, ваша внутрішня подорож.

Ці подорожі пронизані внутрішньою реальністю і знаходять своє втілення у світі, у матеріальній сфері. Все, що ви можете осягнути, насправді є невід'ємною частиною вас. Відсутність чогось у вашому оточенні не має значення. Все, про що ви міркуєте, знаходиться в процесі поступового втілення. Якщо ви стверджуєте: "Я багатий", то ви повинні почати відчувати себе багатим, мислити, як успішний підприємець і дотримуватися звичок, властивих людям, які досягли фінансового благополуччя.

Якщо ви здатні підтримувати почуття достатку, це потужний енергетичний стан і жити так, наче ваше бажання вже виконано Всесвітом, то ваше бажання буде досягнуто, гарантовано.

Однак, якщо ви не маєте рішучості, ви позбавляєте себе власної сили, тоді нічого не станеться. Вам необхідно стати на шлях воїна, який прагне досягти своєї мети. Неважливо, з якими перешкодами ви стикаєтеся або де ви знаходитесь, незважаючи на труднощі, з якими ви боретесь, ви досягнете своєї мети. Всесвіт не цікавить, чи є у вашому серці бажання чи ні. Крім того, вам необхідно визначитися та почати збирати плоди своїх зусиль.

Ви можете мати все, чого бажаєте, і коли ви створюєте це, воно стає вашим. Часто ми відчуваємо, що не заслуговуємо на успіх, багатство, повне здоров'я або чогось, чого ми так бажаємо. У нашому дитинстві нас вчать, що ми недостойні або що ми щось комусь винні, що ми зобов'язані суспільству або що у нас є якийсь особливий гріх, який ми повинні спокутувати, перш ніж насолоджуватися тим, чого ми бажаємо в житті.

Всесвіт не дискримінує. Він отримує вашу енергію і доставляє вам діаманти чи просте каміння залежно від того, що ви вкладаєте. Дуже важливо звернути увагу на негативні почуття, які ви відчуваєте стосовно себе. Легко сказати: "О, я ніколи нічого не виграю" або "Я надто старий, мене ніколи не візьмуть на роботу" або "Я ніколи не зможу бути з цією людиною, я недостатньо привабливий". Таке мислення свідчить про домінування розуму та його "логічних" порад.

Створення життя не є логічним, тому останнє, що вам потрібно, це логічна порада вашого розуму. Коли ваш розум дає таку пораду, визнайте її, подякуйте і скажіть: "Я не приймаю жодної думки, яка суперечить нескінченній силі, що знаходиться всередині мене", а потім продовжуйте робити те, що робили.

Коли ви перебуваєте в гармонії з нескінченною силою, ви стаєте більш відкритими до її впливу та прояву у вашому житті. Ви починаєте помічати синхронічні події, зустрічі з людьми, які допомагають вам та підтримують вас на вашому шляху. Це свого роду підтвердження того, що ви перебуваєте в резонансі з цією силою.

Однак, щоб бути більш сприйнятливими до цієї нескінченної сили, важливо знаходитись в стані теперішнього моменту і бути відкритими для внутрішнього путівника. Це означає усвідомлювати і прислухатися до своїх інтуїтивних підказок, внутрішнього відчуття і мудрості. Практика медитації та усвідомленості може допомогти вам зміцнити цей зв'язок та бути більш уважними до тонких сигналів, які посилає вам нескінченна сила. Ви можете отримати інтуїцію чи сильні відчуття, чи порив хвилювань, але це все.

Всесвіт перебуває в гармонії та рівновазі за своєю сутністю. Те, що ви описуєте у своєму "Плані Дій", неможливо бажати іншим. Все, що ви створюєте, має бути для себе. Ви не можете передати іншим, вимовляючи фразу: "Я бажаю, щоб це сталося з моїм другом". Само по собі бажати комусь є порушенням, тому що ви не знаєте суть героїчного життєвого плану вашого друга, і у вас немає права змінювати його або втручатися в те, що він переживає зараз. Він повинен самостійно пройти через своє життя, так як, і він має в собі необмежену силу, і усвідомлення цього факту є частиною його власного шляху.

У світі відсутні випадковості чи жертви. Кожна людина несе відповідальність за власний розвиток і активно притягує до себе життєві обставини. Іноді ми прагнемо створити порядок і гармонію у своєму житті, але замість очікуваного результату стикаємося з невдачами чи розчаруваннями, подібно до ситуації, коли отримуємо три розбиті склянки. Однак важливо зрозуміти, що такі ситуації не є випадковими чи неправедними, а скоріше становлять невід'ємну частину нашого процесу навчання та особистого зростання. Вони допомагають нам усвідомлювати себе, вчитися на помилках та розвиватися. Наш розвиток залежить від того, як ми приймаємо виклики, беремо на себе відповідальність за свої дії та прагнемо використовувати кожну ситуацію як можливість для особистого прогресу та самоусвідомлення.

Ваш розвиток є центральним аспектом вашого життя. Кожен досвід, відносини та кожна подія, з якими ви стикаєтеся, дають можливість для вашого особистого зростання та розвитку. Ви взаємодієте зі світом та з іншими людьми, щоб дізнатися більше про себе, розширити свої межі та набути нових навичок та досвіду. Ви є головним архітектором свого розвитку.

Ми всі вчимося брати на себе відповідальність за свої вчинки, і в рамках свого обмеженого досвіду ми не повинні відповідати за розвиток інших. Можливо, звучить трохи грубо, але в цьому полягає неймовірна ясність та справедливість.

Ось чому нещастя та лиха корисні. Вони спонукають людей шукати щось за межами повсякденної реальності та приводять їх у контакт із справжньою внутрішньою сутністю, Вищим "Я". У розпачі та стражданнях багато людей виявляють глибоку потребу у зміні свого поточного стану та знаходженні нового сенсу. Це може стати точкою повороту в їхньому житті, коли вони починають звертатися до своєї внутрішньої сили та шукати зміни.

Страждання часто є результатом взаємодії із зовнішнім світом его, яке ставить умови, очікує та прагне щоб його бажання задовільнили. В такий момент, вони усвідомлюють, що джерело щастя та виконання бажань знаходиться всередині їх самих, і вони починають притягувати цю внутрішню силу.

Занурившись усередину себе, вони можуть все змінити. Кажуть, що немає невиліковних хворіб, є лише невиліковні люди, і це правда. Спроба виправити обставини лише на фізичному чи психологічному рівні може бути обмеженою та тимчасовою. Це пов'язано з тим, що невідповідності або сумніви, які глибоко вкоренилися, можуть продовжувати виникати в різних формах, поки вони не будуть повністю вирішені на більш глибокому рівні. Щоб раз і назавжди подолати щось, потрібно заглибитися в себе і знайти справжні причини турбот.

Цей процес, чи то подорож самопізнання, принесе вам більше енергії, яку ви зможете використати для створення речей у своєму житті.

Час

Всесвіт не має уявлення про час. Речі перебувають у стані поступового розвитку. Наприклад, для найстарішого дерева в світі, Байкалова Модрина (Pinus sibirica) на ім'я "Матінка-модриця", поняття часу відсутнє, оскільки його сутність вічна. За оцінками, вік цього дерева становить близько п'ять тисяч років, але ніхто точно не знає, скільки йому років. Листя дерева розпускається завдяки енергії сонця, яка непідвладна часу. Воно зародилося з насіння і поступово розширюється до повної зрілості, як і Всесвіт. Він може призвести до миттєвого результату, але якщо ви не в повній гармонії з вашою енергією, вам може здатися, що це зайняло вічність. Вам необхідно запастись терпінням і продовжувати рухатися до своєї мети, знаючи, що ваше бажання буде виконане.

Якщо ви зіткнулися із труднощами у розвитку своїх справ, не варто панікувати. Краще задайте собі кілька запитань: "Чи рухаюся я занадто швидко або, навпаки, занадто повільно? Чи настав час діяти?". Адже навіть найфантастичніша ідея може зазнати невдачі, якщо її розвивати у невідповідний час.

Реалізація ідей та завдань зазвичай займає більше часу, ніж ми очікуємо, тому що ми можемо думати швидше, ніж діяти. Хорошій ідеї потрібно дати час для розвитку та дозрівання, особливо якщо ви сподіваєтеся на допомогу інших людей у своїх справах. Ідеї мають стати комфортними для вашого бачення, пройти через усі міркування чи думки, які можуть виникнути у людей.

Іноді вам може здатися, що ви рухаєтеся надто повільно. Це може бути через недостатню рішучість, лінощі або вагання. Щоб рухатися вперед, необхідно скласти хороший план дій і повністю довіряти Всесвіту, щоб він допоміг вам здійснити мрії. Але не забувайте, що ніхто не понесе вас до вашої мети, як правило, ви повинні нести себе.

Якщо ви рухаєтеся в певному напрямку, але раптом відкривається інший шлях, прийміть його. Всесвіт пропонує поетапні рішення, і ваше мислення, ваші бажання можуть бути способом вираження абсолютно нового напрямку.

Коли ви перебуваєте в енергетичній рівновазі, ви ніколи не знаєте, що станеться. Слідкуйте за знаками-путівниками, звертайтеся до своїх почуттів, щоб допомогти прийняти рішення, і якщо ви все ще не впевнені, не робіть нічого.

Якщо напрямок правильний, ви відчуєте інтуїтивно. Однак, якщо для ухвалення рішення вам доводиться зіткнутися з великими випробуваннями та серйозними труднощами, ви можете бути впевнені, що цей шлях не для вас. Загалом, пам'ятайте, що, якщо вам потрібно дуже багато роздумів, це зазвичай неправильне рішення. Дотримуйтесь шляху до своєї мети рухайтесь елегантно, насолоджуйтесь процесом і не забувайте перевіряти, чи ваші дії відповідають тій енергії, яка необхідна для досягнення бажаного результату.

Коли Всесвіт почне виконувати ваше замовлення, ви це відчуєте, будьте певні.

У Ролях Персонажів

Сьогодні на Землі живе понад вісім мільярдів людей. На вашому шляху до досягнення поставленої мети ви зустрічаєте безліч людей. Деякі з них можуть стати цінними співробітниками, які підтримують вас на шляху до успіху. Однак не всі, кого ви зустрічаєте, здатні бути корисними. Щоб подолати власні обмеження і досягти більшого, ви повинні навчитися приймати допомогу від інших людей і ретельно обирати тих, хто буде відповідальним працівником.

Вибір відповідних співробітників є ключовим аспектом вашого шляху до успіху. Ви повинні звертати увагу на їх здібності, досвід, мотивацію та цінності, щоб переконатися, що вони зможуть доповнити ваші зусилля та допомогти вам досягти ваших цілей. Якість взаємодії з персоналом відіграє важливу роль у вашому розвитку, оскільки їхня підтримка, поради та професійні знання можуть допомогти вам розширити межі вашого власного потенціалу.

Однак важливо пам'ятати, що відбір людей також потребує обережності. Ви повинні уникати тих, хто може гальмувати ваші зусилля, негативно впливати на ваш настрій або не розділяти ваші цілі та цінності. Тому ви повинні бути уважними та усвідомленими у своїх виборах, щоб встановити сильні та взаємовигідні відносини.

Отже, щоб вийти поза межі своїх можливостей і досягти більшого, ви повинні бути готові приймати допомогу від інших людей. Однак, ви також повинні бути обачними та ретельно обирати тих, хто буде вашими союзниками на цьому шляху. Якісне співробітництво з правильними людьми може значно посилити ваші зусилля та допомогти вам подолати свої власні обмеження.

Якщо вже наявний склад працівників не підходить, слід бути розумним полководцем і розглядати нових кандидатів. Важливо вкладати сили та ресурси у співробітників, враховуючи обставини та бюджет для максимально ефективного використання. Це дуже проста математика, яка дозволяє відсунути убік тих, хто заважає досягненню поставленої мети. Ніколи не варто думати, що люди, які вас оточують, є єдиними підходящими кандидатами для вашої команди.

Я раніше думав, що якщо не зможу товаришувати зі своїми сусідськими дітьми, то залишусь без друзів. Однак пізніше я зрозумів, що є безліч інших дітей навколо мене, які можуть стати моїми друзями. Ніколи не варто боятись розлучатися з людьми, які не підходять, що може бути єдиним способом звільнити місце для тих, хто підійде. Напевно, буде вигідніше і для тих кого звільнили, оскільки вони зможуть знайти краще місце для себе.

Чи Ви Добре Підготовлені?

Для ефективного виконання бойового плану необхідно мати добре розуміння повсякденного життя. Чи маєте ви всі необхідні компоненти для цього? Ви стежите за тенденціями невдач? Але пам'ятайте, що хороша ідея не гарантує її успіху. Вам не варто братися за проект лише тому, що він здається вам цікавим, і не варто одружуватись тільки тому, що ви кохаєте когось.

Хороший полководець не приступить до мобілізації своїх військ, доки не проаналізує всі ризики та потенційні проблеми. Перед тим, як братися за якийсь проект, запитайте себе: "У мене достатньо ресурсів для того, щоб реалізувати свої плани? Чи усвідомлюю я всі ризики та складності цього проекту?".

Чи Вам Це Потрібно?

Чи намагаєтеся ви отримати те, що вам не потрібно? Яка ваша мотивація та віддача? Ви дійсно прагнете досягти кінцевого результату, чи вам просто потрібна відмазка? Наприклад, якщо ви стали членом престижного і дуже дорогого приватного клубу чи закритого товариства тільки для того, щоб зустрічатися з діловими партнерами, і намагатися укласти угоду, яку дійсно хочете, чи варто витрачати стільки зусиль? Чи не простіше знайти ефективніший шлях?

Неефективне використання енергії - шлях до бідності та невдачі. Воно веде до марності та безпорадності, і життя перетворюється на підтвердження вашого безсилля. Пам'ятайте, що більшість пропозицій, які ви отримаєте, вам не підійдуть. На кожному кроці дайте собі десять вагомих причин, щоб сказати "ні". Незалежно від того, чи говоримо ми про взаємні відносини чи проекти, ви повинні знати, де ваш вихід!

Чи Ви Чините Опір?

Для того щоб вибратися із замкнутого кола та розширити свій кругозір, необхідно бути готовим до змін та відкритого мислення. Не забувайте, що завжди існують альтернативні шляхи, які можуть виявитися ефективнішими, ніж ті, які ви розглядали раніше.

Не обмежуйте себе стереотипним мисленням та обов'язково розгляньте всі можливі варіанти. Скористайтеся методом "захисника диявола", щоб проаналізувати всі можливі точки зору і не прогайте жодної деталі. Якщо ви зіткнулися з важкою ситуацією, то не соромтеся поставити собі питання: "Чого я не враховую? Що я упустив і що викликає у мене сумніви?".

Чи Вас Задовольняють Умови?

Мене вражає, як люди упокорюються з умовами, які їм не подобаються і які несуть труднощі. Якщо ви відчуваєте, що умови не відповідають вашим потребам та цінностям, то не варто просто миритися з цим. Необхідно починати діяти і змінювати ситуацію на краще.

Чи Ви Контролюєте Свій Життєвий Процес?

Який рівень контролю знаходиться у ваших руках? Ви керуєте своїми справами рішуче та ефективно? Чи ви вибрали шлях безроздільного розпорядження, передаючи керування своєю долею в чужі руки? Якщо так, то чому? Можливо, ви відчували себе безсилим? Чи вам було простіше передати іншим повноваження керувати вашим життям? Коли ви володієте контролем, ви приймаєте рішення та несете відповідальність за них. Ви також маєте можливість змінювати події відповідно до своїх бажань і не поступатися чужим примхам.

РОЗДІЛ V

Висновок

Наше життя на земній кулі передбачає стикання з обмеженнями. Цей життєвий урок є необхідним для кожного з нас. Після того, як ми його засвоїмо, ми зможемо перейти до абсолютної свободи. Наше фізичне тіло є маніфестацією наших думок та емоцій, які проявляються через реальні вчинки. Таким чином, наші зусилля нерозривно пов'язані з тим, як ми почуваємося.

Натомість, боротьба – наш неприродний стан, це справжня брудна війна, яку ми ведемо самі із собою. Однак, якщо ми мужньо поглянемо на джерело нашої не рівноваги і будемо готові протистояти йому, ми зможемо легко вийти із цього стану. Коли ми зрозуміємо, що є причиною нашої боротьби, ми отримаємо силу та впевненість у тому, що можемо усунути будь-які перешкоди у своєму житті.

Коли наша боротьба відійде на задній план, і ми починаємо жити у стані гармонії та позитиву, наше життя наповнюється новою енергією, яка приваблює до нас більше можливостей. Збалансована і щаслива людина є магнітом для благополуччя та добробуту. Щодня усувайте один аспект життя, який заважає вам досягти своїх цілей. Записуйте свій прогрес і насолоджуйтесь процесом досягнення своєї кінцевої мети – повної свободи, щастя та спокою.

Коли ви досягнете цієї точки і зможете утримувати її протягом деякого часу, поділіться своїм досвідом з іншими.

СИЛА

РОЗДІЛ І

Мудрість

В житті ви зустрічаєте людей, які привертають вашу увагу незвичайним чином. Ви не можете точно сказати, що їх робить такими привабливими, але вони мають щось таємниче і чарівне, що випромінює тиху, але потужну силу. Ця невидима енергія, харизма, не є винятковим привілеєм деяких обраних, як багато хто вважає. Насправді її можна отримати і розвинути шляхом усвідомлення простого трюку. Коли ви оволодієте ним, ваша харизма стане вашою візитною карткою, вашим інструментом вираження особливої доброти, що допоможе іншим змінитись на краще.

Вона приходить до вас природним шляхом, як результат контролю над вашою енергією, емоціями та фізичною дисципліною. Фізичні вправи та дисципліна є важливою складовою у розвитку харизми, оскільки вони допомагають контролювати руйнівну силу его. Але для повноцінного розвитку харизми необхідно також розвивати свідомість.

Тепер пропоную вам маленький фокус. Не важливо, вірите ви в магію чи ні, але основа цієї ідеї є досить реальною. Не потрібно заморочуватися на технічних деталях. Залиште свій розум у спокої і переходьте до практики, яка справді працює.

Навколо вас існує енергетичне тіло, відоме як тонке тіло, яке часто залишається невидимим для ока. У давнину греки його називали ефірним тілом, місцем, де ви існуєте по-справжньому.

Уявіть це слабке енергетичне поле, схоже на прозорий туман. Але, на відміну від туману, який повільно плине, ефірне поле рухається дуже швидко. Усередині нього пронизують маленькі блискавки енергії та вогняні язики ефірних променів, які випромінюються у всі боки. Ці спалахи базуються на величезних хвилях енергії, які постійно знаходяться в русі, котяться вгору і вниз, перекидаючись і вивертаючись у відповідь на ваші емоції.

Ви знаходитесь всередині дивовижної оболонки, яка світиться і випромінює світло в радіусі до метра у всіх напрямках. Це поле, пронизане ефірною енергією, захоплює своєю привабливістю та красою. У цій містичній оболонці можна розглянути всі таємниці вашого внутрішнього світу, вашої духовної сутності у оголеному вигляді. У даній уразливості розкривається найглибша і найпотаємніша сутність людського досвіду. Воно пожвавлюється електромагнітними спалахами і блискавками, що виділяються вами. У цьому прекрасному та загадковому полі ви можете виявити дивовижні світи та пізнати свою справжню сутність.

Ви бачите, як его та особистість ускладнюють людський стан на ефірному рівні, проте, все ж таки відчуваєте глибоке співчуття до нього, тому що людина - не просто тіло, розум чи емоції, а й світло. Сяйво людського світла затьмарює риси характеру та слабкості, що виходять із людської крихкості.

У величі світла життя перебуває священна сутність вічної духовної істоти. Присутність цього неймовірного дару в нашому ефемерному існуванні дарує нам безмежну силу, що пронизує віки. Ця духовна спадщина стає нашим зв'язком з великою Силою Бога.

Потренувавшись, ви можете спостерігати захоплюючий ефірний танець, у якому ми всі беремо участь. Цілком можливо, що ефір містить більшість незрозумілих метафізичних загадок. У цій книзі є кілька вправ, які допоможуть вам посилити своє ефірне сприйняття. Однак, не так важливо побачити ефірне поле, як знати, що воно існує, правильно проектувати його та навчитися сприймати через свої тонкі почуття.

Після кількох років занурення у дослідження та уважного спостереження за людьми та тваринами, я впевнено заявляю, що світло – це не просто абстрактне поняття, а реальна сутність. Ефір існує на енергетичному рівні та відкриває перед нами феноменальні можливості. Світло в ефірі - це унікальне креслення, яке представляє справжню сутність людини.

Проникнути в таємниці ефірного світу та розібратися, які аспекти в ньому справді працюють, а які є ілюзією, виявилося непростим завданням. То справді був повільний процес, який, проте, вартував кожного зусилля. Адже ефірне тіло є одним із останніх непокорених кордонів, перед якими стоїть людство. У цьому дивовижному полі, що оточує вас, проявляється багато неймовірних загадок і таємниць, пов'язаних з людиною, можливо, навіть із самою суттю життя і смерті.

Вивчення ефірного тіла та його зв'язку зі Світлом - це велика подорож, що відкриває вам нові горизонти. Ви отримуєте можливість краще зрозуміти себе і світ навколо вас, знайти нові здібності та розширити ваші кордони. Можливо, ці відкриття допоможуть вам усвідомити, що ви не просто фізична, а й духовна істота, пов'язана з глибшою реальністю. Занурення у світ ефірного тіла змінить ваше уявлення про себе та відкриє перед вами нові напрямки розвитку та трансформації вашого існування.

Кожен із нас на ефірному рівні підсвідомо відчуває ефірне поле. Якщо ми спрямовуємо свою увагу на енергію інших людей, вони реагують, повертаються, моргають чи проявляють інші ознаки. Ці реакції можуть бути неусвідомленими, але завжди присутні. Коли двоє людей зустрічаються, їх ефірні поля зливаються разом, миттєво обмінюючись безліччю інформації.

Ви, напевно, відчували, як інші люди реагують на вас, що навіть здається нелогічним. Це тому, що вони підсвідомо сприймають вашу енергію, хоча не можуть її побачити чи описати словами. Вони вибирають, ставитися до вас із симпатією чи ні, залежно від того, яку енергію ви випромінюєте.

Сила нашого ефірного тіла залежить від кількох факторів, включаючи швидкість коливань, інтенсивність енергії та консолідацію поля. Якщо людина не навчена контролю свого ефірного поля, вона може стріляти енергією навколо себе, впливаючи на інші ефірні тіла і тим самим посягаючи на їхню енергію. Така енергія зазвичай буває слабкою та нестабільною, особливо при вживанні наркотиків та алкоголю. Вона дуже сильно реагує на емоції, тремтячи і розгойдуючись, як желе на тарілці, рухаючись спастичними рухами вперед і назад.

Звичайно, немає необхідності спостерігати за енергетичним полем, щоб його відновлювати та зміцнювати. Ефірне поле є проявом того, хто ви є, і залежить від вашого розумового та емоційного стану, а також від вашої сили волі. Воно виражає ваше почуття добробуту, життєлюбності, впевненості та ставлення до духовного світу всередині вас.

Перший крок до освоєння вашої сили – це зміцнення психологічного та емоційного стану. Воно допоможе вам виглядати сильним і справляти хороше враження на оточуючих, що підкреслить вашу впевненість і визначеність у поведінці, висловлюванні та ставленні до людей. Вони будуть відчувати вашу силу не усвідомлено та реагувати на вас позитивно. Усі люблять контрольовану силу, вона дарує людям відчуття безпеки та підтримки.

РОЗДІЛ II

Влада та Сила

Те, що зазвичай сприймається як влада, насправді не є справжньою силою. Переслідування багатства, слави і контролю над іншими, чи то політична чи військова влада - прояви типового его. Відкриті та звичні форми власного вознесіння, які живуть за рахунок его і звертаються лише до інших его, тому вони вразливі для забаганок людей.

Людина може бути успішною і багатою, але залишатися все ще слабкою. Гроші не дають реальної сили, вони просто забезпечують комфортний рівень існування в той час, коли ви переживаєте не функціональність. Світ, орієнтований на его, слабкий, тендітний і не надійний; він ніколи не дає відчуття повної безпеки та не має довгострокової цінності. Світ, де панує его, вже вмирає, за звичай само знищується.

У сучасному світі ми стикаємося із прискореним розвитком засобів масової інформації та соціальних мереж, які приносять нову динаміку у наше життя. У цій новій реальності справжня цінність поступається місцем знаменитості, галасу і хизуванню. Здається, що короткий відеоролик, з його миттєвою привабливістю, став важливішим за безпосередні та перевірені факти.

Ми живемо в епоху глянцю, де скорочена версія життя стає нормою. У нас завжди не вистачає часу, і кожен виборює миттєве місце під сонцем. У цій боротьбі за увагу і визнання, наше життя стискається до яскравих моментів, зафіксованих у відеороликах, які з легкістю поширюються по всьому світу. Ми прагнемо бути поміченими і представити себе у кращому світлі, навіть якщо це означає відмовитися від нашої істини та суті нашого існування.

За цією глянсовою поверхнею ховаються справжні факти та справжні цінності, які не завжди можуть уміститись у коротке відео. Ми ризикуємо втратити глибину розуміння та проникнення в суть речей, замінюючи її короткими та миттєвими враженнями.

Багато людей стають жертвами свого его; вони відчувають, що не мають достатньо влади, тому прагнуть бути особливими. Звичайно, кожен з нас своєму роді унікальний, але соціальне середовище посилює потребу людей у славі та увазі. Бажаючі влади в плані его починають шалену погоню: вони намагаються відділитися, стати важливими в очах інших, отримати похвалу і підвищити свій статус. Ця нестримна метушня руйнує та виснажує їхню енергію.

Оскільки его невпевнено, воно прагне домінувати в нашій психології, заявляючи нескінченні вимоги та бажання. У дитинстві ми були навчені надавати великого значення нашому его, намагатися задовольняти його бажання, і з часом воно стало частиною нашої програми. Більшість із нас не усвідомлюють, що завдяки дисципліні набагато простіше контролювати своє его і досягнути внутрішньої гармонії, ніж постійні спроби задовольнити його бажання. Хоча задоволення на короткий термін може принести полегшення його потреб, але потім з'явиться нове бажання, і процес продовжиться нескінченно. Его завжди буде жадати більшого. Життя схоже на білку в колесі, яка весь час біжить, але в результаті залишається на одному місці. Це ілюзія, в яку ми дозволяємо собі вірити. Більшість людей запрограмовані на таку поведінку через психологічну незрілість.

"Бажання бути кимось" виникає з незахищеності, яку его відчуває через потребу у визнанні та увазі. Однак его несе дисбаланс і слабкість, коли ми покладаємося на світ, щоб отримати визнання. Вимагати, щоб нас помітили, шукати схвалення, намагатися справити враження, шукати похвали та повагу – все це послаблює нас, змушуючи спиратися на інших для психологічної підтримки. Уявіть собі, що ви постійно перебуваєте в дисбалансі, нахиляючись уперед із витягнутою рукою, готуючись до падіння. Спроби завоювати прихильність інших та сподіватися на зовнішню красу, це марний та незначний підхід. Такі дії руйнують справжню силу і спричиняють стрес, який може призвести до серйозних проблем зі здоров'ям. Навіть якщо вам вдається домогтися бажаного, воно не довго триватиме. Щодня будуть виникати нові виклики які можуть призвести до невдачі.

Психологічна залежність від думки інших – це недолік, який зменшує ваше власне Вище "Я". Поступово ви починаєте жити життям інших людей, задовольняючи їх забаганки та потреби. Подібна поведінка змушує вас відходити від своєї істинної духовності та сили, що знаходяться всередині вас.

Часто ми піддаємося спокусі створювати ілюзію про свою важливість та перевагу над іншими. Ми можемо розповідати іншим, наскільки ми прекрасні і величні, і отримувати у відповідь похвалу та захоплення. Однак, це лише порожня тарабарщина і обман. Зрештою, наша справжня цінність полягає в тому, яке ефірне сприйняття ми випромінюємо у світ, все інше просто ілюзія.

Тут ми стикаємося з духовною та метафізичною реальністю, яка перевищує поверхневі ілюзії. Якщо ми дійсно бажаємо бути прийнятими іншими, ми маємо почати з самих себе. Якщо ми прагнемо поваги, то маємо почати з поваги до себе. Справжнє визнання та повага не приходять ззовні, а проростають із глибини нашої власної самосвідомості. Визнання та повага, які ми отримуємо, щирі та справжні лише тоді, коли вони відображають наше внутрішнє прийняття та повагу до себе.

РОЗДІЛ III

Консолідація Влади

Давайте обговоримо психологічну стійкість, а потім перейдемо до інших практичних ідей, які можуть допомогти вам досягти стабільності та спокою.

На заняттях бойовим мистецтвом мій наставник передав мені глибоку істину: коли ми рухаємось уперед, ми насправді контролюємо наше падіння. Це усвідомлене управління починається з того, що ми нахиляємось, акуратно піднімаємо ногу і потім, з точністю та вчасно, виставляємо її вперед. Ось чому навіть маленька тріщина в асфальті може спричинити наше несподіване падіння.

Психологічно та емоційно життя більшості людей нагадує ходьбу. Ми завжди намагаємося спертися на щось у житті, відчуваємо упередження, сумуємо, мріємо і прагнемо чогось. Часто ми незадоволені собою та своїм становищем. Ми шукаємо когось чи щось, що зможе нас підтримати. Ми хочемо, щоб наше життя було легким і простим, але часто забуваємо, що ніхто нам нічого не зобов'язаний. Перебуваючи на межі своїх можливостей, ми втрачаємо емоційну рівновагу, переходячи від одного задоволення до іншого. Навіть незначна несприятлива подія може спричинити у нас психологічне падіння.

Перший крок до зміцнення вашої внутрішньої сили, це припинити покладатися на інших. Коли ви перебуваєте у розпачі і шукаєте підтримки, саме в такі моменти ви повинні проявити контроль. Це подібно до гри "Стояти прямо у своєму житті", але мало хто про неї чув.

По-перше, не варто прагнути того, чого у вас немає. Важливо стверджувати собі, візуалізувати свої цілі та вживати активних заходів, замість того, щоб зациклюватися на думках про те, чого вам не вистачає.

По-друге, важливо приділити увагу теперішньому моменту життя, а не постійно фокусуватися на майбутньому. Необхідно визнати те, що ви вже маєте і чого досягли, а не постійно будувати великих планів на майбутнє, які можуть вас розчарувати і не призвести до результатів.

По-третє, ви повинні проектувати своє життя так, щоб не залежати від інших людей. Важливо вміти покладатися на власні сили і не виснажувати емоційно чи інтелектуально оточуючих вас людей. Коли ви емоційно залежите від інших чи нав'язуєте їм свою волю, ви висловлюєте свою невпевненість і змушуєте інших почуватися схвильовано.

Такі дії забирають у них енергію і пригнічують їх, оскільки вони змушені задовольняти ваші потреби та емоції замість того, щоб зосередитися на власних силах. Люди не люблять, коли їм щось нав'язують і часто реагують негативно, навіть якщо не говорять про це.

Альтернативний підхід полягає в тому, що вони можуть піддатися вашому тиску, але потім використовувати вас емоційно, сексуально чи фінансово. Вони будуть вважати, що мають право користуватися вами, засуджувати вас чи якимось чином послаблювати ваш вплив. Не забувайте, що коли ваша поведінка впливає на інших, вони підсвідомо розуміють, наскільки ви сильні чи слабкі, і це відображається на тому, як вони сприймають вас.

Я впевнений, що ви розумієте, про що я говорю.

Уявіть тих, хто залежить від вас. Відчуйте їх емоції та думки, які вони випромінюють під час спілкування. Згадайте, як ви реагували на їхні відчайдушні спроби отримати допомогу від вас. Зверніть увагу на те, як часто вони забирають у вас енергію і через який проміжок часу ви почуваєтеся виснаженими.

Не поводьтеся так з іншими людьми, це позбавляє вас сил. Необхідно враховувати інтереси та почуття інших, щоб не виснажувати свої ресурси. Помірне вираження своїх потреб у певних ситуаціях може приносити іншим задоволення, стимулюючи їхню підтримку та допомогу. Однак, якщо ми надто наполегливо вимагаємо від них згоди, вони, швидше за все, відмовлять. Звичайно, іноді прохання про допомогу необхідне, але важливо не зловживати емоційним впливом на інших, диктуючи їм свою волю.

Щоб набути внутрішньої сили, необхідно навчитися бути незалежним від інших. Це важливий крок, який здається очевидним, але багато хто втрачає його з уваги. Коли ви висловлюєте розпач, ви проектуєте незахищеність, що може відштовхувати людей від вас.

Можливо, ви стикалися з ситуацією, коли хтось із ваших близьких чи друзів сильно потребував вашої допомоги та уваги. Спочатку ви можете відчувати задоволення від того, що можете допомогти, але згодом вони почнуть дратувати вас, і ви відштовхуєте їх. Це відбувається тому, що людина, яка сильно залежить від вашої уваги, стає невпевненою та надмірно емоційною, що негативно впливає на відносини.

Коли ви сильно закохані в когось і вони тримають дистанцію, ваше бажання зростає. Однак, якщо ця людина віддаляється надто далеко, ваше бажання може поступово згасати. Якщо ви відчуваєте сильну потребу в комусь чи в чомусь, ви можете заплатити надто високу ціну. Я називаю це "податком на бажання". Перед прийняттям рішення необхідно уважно зважити всі аргументи та протиріччя.

Якщо ви товариська людина, уникайте вторгнення в приватні справи інших. Ви можете підтримувати розмову, не втручаючись у їхнє особисте життя. Пам'ятайте, що завжди можна відступити, якщо виникають сумніви. Дотримуючись цього правила, вам буде легко справлятися з різними ситуаціями в житті.

Часто для досягнення вашої сили потрібен протилежний підхід. Коли оточуючі нахиляються, ви повинні стояти прямо. Коли вони кричать, краще мовчати. Коли вони біжать, ви йдіть. Важливо зберігати контроль і стабільність, навіть якщо у вас недостатньо впевненості. Уникайте прояву слабкості, будьте сильними та хоробрими. Занепокоєння можна відкласти убік та працювати над ними пізніше. Внутрішня сила приходить, коли ви дієте та підтверджуєте свою стійкість та контроль.

Ви допомагаєте іншим відчути себе в безпеці своєю стійкістю та надійністю. Люди шукатимуть вашу підтримку, і завдяки цьому життя стає легшим та кращим. Важливо розвиватися в мудрості, зберігати спокій і впевнено ходити по землі, не претендуючи на те, чого у вас немає. Ви повинні постійно працювати над собою і не мати зайвих матеріальних чи емоційних потреб.

У будь-якому випадку, можливо, ви сильніші, ніж думаєте. Багато людей, з якими ви зустрічаєтеся, на перший погляд, можуть здатися сильними, але незабаром вони розкриваються в тихій кризі, стаючи жертвами свого его. Їхня справжня сила виявляється слабкою і забрудненою, що робить їх уразливими і піддає ваганням у житті. Вони постійно прагнуть черпати енергію ззовні, виснажуючи всі можливі джерела життєвої сили, які можуть знайти. У них вмирають кімнатні рослини, і їхні домашні тварини стають постійними гостями у ветеринара.

У світі фізики існує феноменальний закон, який дозволяє субатомним частинам на короткий момент "запозичувати" енергію. Це дивовижне явище, відоме як "квантова флуктуація", дозволяє часткам тимчасово перевищити свій звичайний енергетичний кордон і здійснити стрибок у своєму стані. Це відбувається завдяки невизначеності, яка присутня на мікрорівні та дозволяє світові квантових частинок бути повним непередбачуваних та незвичайних подій.

Потім вони повертаються на свою початкову орбіту та віддають енергію назад. Люди також підкоряються подібним законам. Ми можемо тимчасово запозичити енергію в інших, але не здатні утримувати її постійно. Рано чи пізно ми повертаємось до свого первісного стану.

Енергетичні вампіри дуже вправні в цій справі, вони вміло відбирають вашу енергію, виснажуючи вас. Однак важливо зауважити, що кожному з нас час від часу потрібна додаткова енергія, особливо коли ми фізично чи емоційно виснажені. Коли наша енергія виснажується, ми можемо звернутися по допомогу до інших людей. У Дев'ятому Розділі я запропонував кілька ідей про те, як захистити свою енергію.

Більшість людей не усвідомлює важливості своєї власної сили, оскільки їх головною турботою є безпека. Его відіграє ключову роль цьому, спрямовуючи людину на збереження свого життя. Безпека стає домінуючою темою в нашій психології, пронизуючи кожну дію та кожну фразу. Це завдає шкоди нашій життєвій енергії.

Занепокоєння і тривога заповнюють наше життя, і, в результаті, наша енергія стає розсіяною та неврівноваженою. Люди бояться смерті та насильства, не тільки до свого тіла, але й до всіх змін навколо. Будь-які зміни, розрив відносин, зміни на роботі, порушення повсякденної рутини, втрата привілейованого статусу – все це викликає у нас страх.

Наш розум, раціональний мислитель, зазвичай розмірковує так: "Якщо я втрачу ці відносини, моє життя може бути зруйновано, моя робота зникне, що спричинить зміну мого стилю життя, і, в кінцевому рахунку, може призвести до смерті мого тіла". Підсвідомо конфлікт із партнером сприймається як загроза, не просто словесна сварка, а боротьба за виживання. В результаті, люди можуть відчувати глибокий розпач через незначні речі. Це створює енергетичний конфлікт, де кожна сторона прагне зберегти свою життєву енергію, і свідомо чи під свідомо вони борються з чортами вразливості.

Коли люди почуваються незахищеними, вони часто зосереджуються на собі, прикрашають своє его самовдоволеними думками, плекають його і прагнуть зробити себе унікальними та неповторними. Якщо вони не думають про себе, то вони говорять про себе, змушуючи інших оцінювати їхнє життя в уповільненому режимі. Вони часто вимагають вашої уваги та визнання, що може бути стомлюючим. Уникайте такої поведінки щодо інших людей.

Нехай ваша сила перебуває там, де ви почуваєтеся найбільш захищеними, тоді як ваше его залишається під вашим контролем. Прагніть трансцендентності, щоб подолати тендітний світ вашого его і досягти безсмертної впевненості духу. Всередині вас ви відчуєте вічність, і ваш невпевнений стан повільно зникатиме. Замість протистояння життя прийміть його таким, яким воно є. Відкрийте для себе, що смерті і невдачі не існує, прийміть припливи і відпливи океану життя, рухаючись до вашого вищого добра з меншим опором і більшою радістю.

Контроль над своїми емоціями та тим, як ми реагуємо, є ключовим фактором у формуванні нашого ефірного поля. Чим більше ми усвідомлюємо наші емоції та вміємо керувати ними, тим сильнішим і зібраними стає наше ефірне поле. Коли ми здатні зберігати спокій та стабільність навіть у складних ситуаціях, ми створюємо навколо себе ауру врівноваженості та гармонії. Як тільки ваша енергія перестає вагатися і руйнуватися всередині себе, довкола вас виникає сприятлива стійкість. Тоді ви зможете побачити крізь своє енергетичне поле світ чистої енергії, який існує поза його межами. Усередині вас відбувається квантовий прорив, і ви знайдете глибоке сприйняття. Однак пам'ятайте, що ваша сила – це сила, яку ви виражаєте, а не сила, якою володієте. Вона зароджується у насінні самоконтролю.

Стародавні мудреці вчили:

Розуміння інших – це знання,
розуміння себе – це просвітлення.
Щоб перемогти інших, потрібна сила,
але ще важче перемогти самого себе.
Справжнє багатство – це задовольнятися тим, що
маєш.

РОЗДІЛ IV

Безмовна Розмова

Частина процесу навчання полягає в освоєнні навичок контролю спілкування. Необхідно враховувати, що більшість людей схильні говорити занадто багато, а те, що вони говорять, часто буває лише шумом і безглуздою балаканиною, призначеною для розваги. Одним із основних елементів ефективного спілкування є контроль над потребою говорити.

Правила такого контролю, наступні: не обговорюйте особисті дані з іншими, розвивайте таємницю та секретність у своєму житті та не давайте людям можливості дізнатися ваше Вище "Я". Звичайно, у деяких випадках може виникнути необхідність розповісти про себе, наприклад, на роботі, коли потрібно описати свої здібності. Проте здебільшого слід утримуватися від надто відвертих висловлювань.

Важливість ретельного підбору слів стає очевидною, коли ми стикаємося з необхідністю передати інструкції або висловити свої почуття під час встановлення особистих кордонів з іншою людиною. Кожне слово, яке ми вибираємо, має силу і впливає на те, як нас сприйматимуть і як просуватиметься наше спілкування. Вибір правильних слів дозволяє нам ясно і точно висловити наші очікування, потреби та межі, створюючи простір для порозуміння та поваги. Сильна людина не базікає і не блукає, а натомість обмірковує те, що хоче сказати і висловлює свої думки лаконічно та цілеспрямовано. Стислість є найвпливовішим способом спілкування.

У розмові з іншими важливо намагатися залишатися психологічно на одному рівні з ними, а не перекрикувати чи дивитися на них зневажливо. Коли ми говоримо зверхньо, ми намагаємося змусити людей відчути себе неповноцінними, тиснемо на них або нав'язуємо свої ідеї. Домінування у розмові, постійні розповіді про свій досвід, можуть призвести до недооцінки співрозмовника та зниження якості діалогу.

Якщо в розмові люди стверджують, що були в Англії, а ви відповіли, що ви там побували дев'ятнадцять разів, то така реакція може бути сприйнята як конкурентність та агресивність. Проте мудреці не шукають конкуренції. Вони усвідомлюють свою вічність і нескінченність, вони розуміють, що є невід'ємною частиною Всесвіту. Всесвіт не робить розрізнення між високим та низьким, тому мудрецям немає потреби змагатися. Вони просто існують, і цього достатньо.

Стародавні мудреці казали: "Той, хто знає, не говорить; той, хто говорить, не знає." Вони вчили, що після досягнення самоконтролю і "таємничого вирівнювання", з'являється необхідність усвідомити нескінченне Вище "Я", життя перестає бути обмеженим розмовами та прагненням визначення, і людина стає вільною від перешкод. Це стан вічності.

Стародавні мудреці вчили процесу самоконтролю і називали його "таємничим вирівнюванням". Людина, яка досягла цього стану, не може бути втягнута в дружбу або знехтувана, їй не можна завдати шкоди або отримати користь, її не можна принизити або піднести, і тому вона є вищою з усіх істот під небом.

Справжня мудрість проявляється у вмінні зробити себе нижчим, контролюючи своє его і зникаючи у нескінченному Вищому "Я". На відміну від цього, більшість людей, які говорять лише заради того, щоб почути себе, не зацікавлені у вашій думці. Вони чекають, коли ви закінчите говорити, щоб відповісти більш велично та переконливо. Адже якщо ви згадуєте, що збираєтеся поїхати на відпочинок, вони відразу починають розповідати про свої минулі відпустки, намагаючись справити на вас враження. Ці люди нудні та ненадійні, тому що невпевненість змушує їх постійно прагнути завоювати вас.

Більшість розмов, як правило, не справляють жодного враження, а лише втомлюють вас. Звичайно, іноді бувають винятки, коли історія може бути цікавою чи навчальною. Проте, загалом, люди часто розповідають свої історії, щоб похвалитися своїм досвідом чи знаннями. І в таких випадках не варто змагатися з ними, навіть якщо ви прожили в Англії більше двадцяти років, коли вони щойно повернулися звідти. Просто вислухайте і постарайтеся зрозуміти їхню точку зору. Таким чином, ви розвиватимете свій стиль діалогу, заснований на повазі до інших людей. Коли ваше его не втручається у розмови, ви можете краще пізнати інших та полюбити їх. Що допоможе вам проявити свою силу та твердість характеру, а також дозволить іншим відчувати вашу підтримку та чарівність.

Розмова без слів – це мистецтво прислухатися та спостерігати. Вона також включає прояв любові, співчуття і розуміння співрозмовника. Важливо створювати умови, щоб люди могли відкрито говорити про свої невпевненості, почуття та думки. Можливо, знадобиться час і терпіння, але результат вартий того.

У цьому процесі необхідно стояти прямо перед співрозмовником, поважаючи його потреби і не підкоряючись своєму его. Може здатися незвичайним, але контролювати свій діалог, щоб інша людина відчувала себе у безпеці, є винятковою навичкою. Важливо не домінувати у розмові, не конкурувати та не шукати більшої безпеки. Коли ви дозволяєте іншим висловити свої думки та почуття, ви створюєте безпечний простір для щирого спілкування.

Більшість людей вигадують, перебільшують чи не розуміють, про що говорять. Вони повторюють за іншими, що почули по телевізорі або прочитали в інтернеті. В результаті більша частина інформації, якою вони володіють, є поверховою і вторинною. Важливо залишатися у межах своїх знань і говорити про те, що ви знаєте. Якщо у вас є що сказати, діліться своїми знаннями лише тоді, коли люди запитують вас про це. Не варто говорити безглузді речі чи намагатися справити враження на інших. Натомість краще слухати і прислухатися до інших, щоб дізнатися більше про них і розширити свій кругозір.

Справити враження на людей за допомогою слів – це справді складно і потребує особливих зусиль. Навіть якщо ви робили неймовірні вчинки, то сама розповідь про них може спонукати у оточуючих негативні емоції. Люди можуть почати порівнювати себе з вами або відчувати себе незручно, що їх дратуватиме. Крім того, вони можуть вважати себе краще за вас, що позбавляє вас можливості справити на них враження.

Загалом, для того, щоб вплинути на людей, ви влаштовуєте справжнє змагання, що, звичайно ж, дратує оточуючих. Якщо ви хочете проявити свою силу та знання, краще менше говорити. Достатньо обмежитися ківками голови та кількома ввічливими фразами, наприклад: "Так, звичайно", "Розумію".

Натомість ви можете випромінювати свою силу мовчки, нахиливши голову, потерти підборіддя та посміхаючись, або просто дивлячись у вічі співрозмовнику. І не забувайте, що ви геній, доки мовчите.

Під час розмови з іншими найкраще спостерігати та сприймати. Зверніть увагу на зміни в їх вираженні обличчя, рухи рук і колір шкіри. Ви можете помітити, коли вони ковтають або моргають, і як їх м'язи обличчя змінюються залежно від настрою. Якщо ви помітите, що їхні очі швидко опускаються по діагоналі, зазвичай вліво, це може бути ознакою дискомфорту або вказувати на те, що вони брешуть.

Коли ви перебуваєте у своїй особистій тиші, відбувається зіткнення з моментом, сприйняття та розуміння того, про що насправді йдеться. Для підтримки розмови не обов'язково говорити багато, достатньо ставити прості питання та спрямовувати діалог у потрібне русло. Такий підхід демонструє інтерес до іншої людини і допомагає їй відчути вашу підтримку, особливо якщо вона переживає негативні емоції чи невпевненість.

Важливо не демонструвати своє его і бути проникливим. Спостерігайте за людьми навколо і торкайтеся до них своїми почуттями. Запитайте себе, що вони дійсно відчувають, про що говорять і чого хочуть. Дізнайтеся, хто вони насправді і які їхні сильні сторони. Коли вас запитують, не поспішайте відповідати. Зробіть паузу, торкніться своїх почуттів і спробуйте зрозуміти, що ж насправді хочуть від вас ці люди, і як можна їм допомогти.

Підтримуйте позитивний настрій і вірте в те, що всі проблеми можна вирішити з часом. Нехай ваша підтримка допоможе іншим відчути, що вони не одні у своїх труднощах і що поруч із ними завжди знайдеться хтось, хто готовий допомогти та підтримати.

Кожна людина має відповідь на своє запитання, хоча воно може бути приховано та несвідомо. Іноді краще просто підтвердити те, що вони вже знають, замість того, щоб давати логічну відповідь, яка може виявитися неправильною. Дивно, як часто прослуховування до почуттів може призвести до відповіді, яка несподівана і унікальна, наприклад, на запитання: "Куди мені краще поїхати відпочити? " - відповідь може бути: "Я думаю, що для вас було краще залишитися вдома на місяць, щоб навести порядок у своєму житті, сплатити рахунки і взяти під контроль свої справи".

Мовчання може бути не тільки проявом смирення, але й турботи та любові до інших. Це елегантність, яка виявляється у тому, що немає потреби вести за собою. Це досвід, який заснований на розумінні того, що ви - душа, а не его.

Також важливою частиною тихої розмови є здатність говорити пасивно та неупереджено, коли ви освоїтеся. Багато людей, відчуваючи тривогу та роздратування у житті, люблять емоційно ранити інших; вони мстять, засуджують чи критикують. Вони кричать про свої образи і намагаються заподіяти словесне насильство іншим. Така поведінка свідчить про незрілість та хронічний хворобливий стан. У нашому між особистому спілкуванні важливо пам'ятати про силу слів та наслідки, які вони можуть мати. Використання словесного насильства, спрямованого на приниження чи образу інших людей, лише підриває вашу здатність до взаєморозуміння і створює негативну атмосферу. Слова можуть завдати глибоких емоційних ран і залишити довгострокові наслідки для психологічного розвитку людини.

Більше того, цинічні висловлювання та глузування позбавляють нас здатності бачити та цінувати якості та гідності інших. Вони здатні зруйнувати довіру та призвести до посилення конфліктів та роздолу. Відсутність поваги та розуміння у нашому спілкуванні зменшує можливість налагоджувати глибокі та значущі зв'язки з оточуючими.

Циніки - давньогрецька секта, яка відома своєю зарозумілістю та саркастичним ставленням до щирості та гідності. Вони отримали прізвисько "людина-собака" через свій гнів і ненависть до суспільства, які вони висловлювали, мочаючись на вулиці. Однак, слід пам'ятати, що принижувати інших – не почесно, і це демонструє прихований гнів, який знижує вашу енергію. Натомість, ви повинні прагнути підтримувати та підбадьорювати інших, зберігаючи нейтралітет.

Тепер давайте дослідимо глибшу та езотеричну концепцію – тихої розмови. У кожному з нас є здатність до безсловесного спілкування, яке проникає глибше, ніж просто мова тіла і вираз обличчя. Це контакт, який відбувається на рівні нашої внутрішньої сутності. Коли ми розмовляємо з кимось, ми можемо вести тихий діалог із їхнім розумом. Часто те, що люди підсвідомо думають, відрізняється від того, що вони кажуть уголос. Існує кілька способів вести тихий діалог, один із яких я розкрию вам зараз.

Незвичним для нас є уявлення про те, що ми можемо мати доступ до розуму іншої людини. Однак, коли ми усвідомимо цю потенційну можливість, вправа стає легкою і природною. Просто запитайте те, що вас цікавить, дивлячись на чоло людини і направляючи свою увагу всередину її мозку, до банку пам'яті. В цей момент ваш розум має бути вільним від думок.

Потім задайте своє питання подумки, використовуючи прості слова. Це як постукування по голові - відповідь приходить зразу, ясно і безпосередньо. Якщо питання має інтелектуальний характер, відповідь буде короткою і граматично правильною. Якщо ваше запитання викликає емоційну чи просторову відповідь, воно повернеться у дитячій формі. Майте на увазі, що підсвідомість не має уявлення про майбутнє.

Чому так? Тому що почуття та просторова інформація знаходяться у правій півкулі мозку, яка не підтримує діалог тією самою мірою, що й ліва півкуля. Тому відповіді правої півкулі короткі, дитячі і не завжди граматично правильні: "Я щасливий. Я боюся. Мені не подобається."

Спробуйте і ви здивуєтеся, наскільки простим і невимушеним може бути цей діалог. Однак, не використовуйте цю здібність для вторгнення в особисте життя інших людей. Просто отримуйте інформацію та дійте відповідно до відповідей, які ви отримуєте. Не намагайтеся вести людей у якомусь напрямку, а краще задавати питання, які допоможуть їм знайти свій шлях.

Більш вишуканий метод мовчазної розмови полягає в наступному: уявіть, що ви виходите зі свого тіла в ефірній формі, після чого повертаєтеся до себе обличчям. Тепер ваша ефірна форма звернена в тому ж напрямку, що ваш співрозмовник. Потім, відійшовши крок назад з ефірним полем, ви розчиняєтеся в тілі вашого співрозмовника і концентруєтеся на його голові, де розташована пам'ять. Перебуваючи всередині його тіла і зберігаючи ваш розум чистим, ви ставите йому безмовне запитання і отримуєте відповідь.

Безмовна розмова набагато глибша, ніж я можу розповісти в цій невеликій книзі, але якщо ви подумаєте і потренуєтеся, то ви знайдете свої власні методи. Пам'ятайте, що ми завжди знаходимося в безмовному спілкуванні.

На закінчення цього обговорення дозвольте мені задати вам питання - коли ви виявляєте думку у своєму розумі, як ви визначаєте, хто чи що є джерелом цієї думки, чия вона? Більшість відповість: "Моя". Але як дізнатися, що саме ви створили цю думку? Як ви можете з упевненістю сказати, що вона утворена вами, а не прийшла звідкись ще?

Зазвичай люди не ставлять собі такі запитання. Ми впевнені, що думки, які ми генеруємо – наші власні, бо вони програмуються у нашому інтелекті. Для нас не має значення, що інші думки можуть впливати на наш стан. Крім того, наш розум не знає, як думки інших людей можуть проникати в нашу голову. Тому ми припускаємо, що нічого не відбувається. Але насправді це не так.

Ваші та мої думки, теоретично незалежні, здаються окремими одна від одної, але це лише ілюзія, що походить з обмеженої точки зору нашого інтелекту та бажання відчувати себе унікальними. Немає простого способу розрізнити наші власні думки від думок інших людей, які постійно проникають у нашу реальність, маскуючись під наші власні думки.

Ми всі є антенами, які приймають та передають інформацію до глобального розуму, де всі ми пов'язані разом. Наша підсвідомість збирає та обробляє всі можливі помисли, які проникають у наш розум, і ми можемо відчувати цей зв'язок на дуже глибокому рівні.

У кожний момент ми переживаємо розумові стрибки, і наші думки плавно переходять із одного стану до іншого. Але ми можемо усвідомити та використовувати телепатію для свого блага, не потребуючи фізичного переміщення. Ми можемо використовувати Велику Безмовність для покращення свого життя та ефективності.

Тож давайте замислимося про те, що відбувається всередині нас, і почнемо використовувати безмовний діалог, щоб досягти наших цілей.

Люди з інтелектуальними нахилами, розумні та освічені, можуть стверджувати, що тиха розмова повна нісенітниця. Однак вони помиляються. Їм невідомо те, що це можна побачити лише тоді, коли сприймаєш ефірне поле. Цей світ недоступний для розуміння лише розумом, інтелект надто вузько зосереджений на собі і нездатний охопити все життя та явища за межами своєї системи.

Особисто я погоджуюсь із тими, хто каже, що інші світи не існують. Я не збираюся сперечатися, тому що вміння зберігати мовчання – це найвища форма мудрості. Суперечки та сварки, які виникають через зарозумілість та невпевненість, є проявами хворобливого его. Я не прагну переконати когось у своїй правоті і я не вважаю, що переконання інших через діалог – вдячна справа. Я віддаю перевагу внутрішньому спілкуванню та очікуванню.

Зрештою, люди погодяться, чи ні, але це не має жодного значення. Наше життя лише мала частина нескінченності, і ми маємо достатньо часу, щоб дізнатися про все, що потрібно. Ми всі живемо всередині однієї великої колективної людської мрії, де кожен бачить її по-своєму, з різним ступенем краси та потворства. Як то кажуть: "Ви платите гроші та робите свій вибір".

РОЗДІЛ V

Бездіяльність

У стародавніх навчаннях є одна концепція, яка викликає труднощі її розуміння - називається бездіяльністю. Сенс цієї концепції полягає в тому, що мудрець отримує всі свої знання через тишу, медитацію та емоційну рівновагу. Він пізнає силу Бога і має все у вічності. Йому не треба боротися і намагатися домінувати, адже в нього все є.

Однак у сучасному світі ця концепція не працює так, як працювала багато століть тому. Сьогодні ми змушені утримувати себе та платити за житло. Ми маємо бути частиною сучасного суспільства та отримувати досвід, якого не було раніше. Ми тут у цей момент, щоб випробувати творчість сучасного світу і рости завдяки цьому досвіду. Безумовно, ми можемо використовувати вчення старих мудреців і застосовувати його у своєму житті, щоб зміцнюватися духом.

Бездіяльність – потік, що тече без зусиль. Коли ми порівнюємо прагнення та зусилля, стає очевидним, що прагнення завжди супроводжується емоційним натиском і бажанням досягти мети, яка завжди залишається на відстані витягнутої руки. У цьому полягає різниця між бездіяльністю і прагненням.

Поступово, роблячи крок за кроком, організовано та дисципліновано, ви наближаєтесь до своєї мети, працюючи над собою. У цьому процесі важливо відзначити різницю між боротьбою та зусиллям. Як я згадував раніше, деякі люди вважають страждання почесною справою, але це досить безглуздо. У боротьбі за виживання немає нічого гідного. Якщо ви відчуваєте напругу, швидше за все, щось йде не так.

Зусилля, на відміну боротьби, є природним елементом людського життя. Наприклад, навіть просте відвідування магазину потребує зусиль: потрібно пройти туди, купити продукти та повернутися додому, витративши при цьому калорії. Однак, боротьба - це зусилля, яке включає негативні емоції і напругу.

Якщо ви зіткнулися з труднощами, важливо зрозуміти, які ваші емоції тут задіяні. Найчастіше боротьба починається через те, що мета, яку ви намагаєтеся досягти, недосяжна. Наприклад, у вас може бути фінансове зобов'язання, яке потребує термінових грошей, або ви можете боротися через власні помилки. Іноді вам здається, що люди не хочуть слухати вас і в цьому випадку ви також можете відчути напругу.

Буває так, що надто багато справ та відсутність організації в житті можуть призвести до боротьби та недостатнього просування до поставленої мети. В інших випадках розчарування через неможливість досягнення мети у встановлені терміни може спричинити труднощі.

Навчившись зміцнювати свою внутрішню силу, можна навчитися приймати бездіяльність. Вона проявляється в потоці та терпінні, русі від опору до простоти, постійного коригування дій без емоцій та зайвих зусиль.

Залишаючись у межах свого балансу та можливостей, можна довіряти Всесвіту та чекати природного розвитку подій. Бездіяльність не означає пасивність, а навпаки - це здатність делегувати повноваження та приймати рішення з урахуванням своїх почуттів.

Іноді відступ може бути потужним інструментом, що дозволяє піти, розірвати відносини або відмовитися від невідповідних дій чи домовленостей. Для цього не потрібно робити складних маневрів чи докладати інтелектуальних зусиль, достатньо вибрати найбільш сильний спосіб медитації та діяти відповідно до своїх почуттів.

Коли ви будите в змозі говорити "ні", ви досягнете свободи. В іншому випадку, коли вам потрібна робота або ви змушені діяти певним чином, коли вам необхідно завоювати чиюсь дружбу або мати £5000 до наступного вівторка, ви опинитеся під контролем зовнішніх обставин.

Бездіяльність - не пасивне ставлення до життя, а швидше його усвідомлене прийняття. Усвідомлення природних циклів та змін, духовного зв'язку з усім, що нас оточує, а також розуміння, що Сила Бога не має метушні та поспіху. Бездіяльність також означає знання коли потрібно діяти, а коли ні. Якщо потрібно, ви можете чекати нескінченно. Ваша душа нескінченна, у ній іскра Божа.

У жодному разі це не обмеження тим, що у вас є зараз, а скоріше усвідомлення того, що достаток, досвід та цінні відносини приходять до тих, хто приймає рішення. Коли ви перебуваєте в гармонії, Всесвіт підтримує вас, і можливостей стає тільки більше.

Це відсутність примусу, а не пасивність. Будьте мовчазними, проявляйте самоконтроль, який націлений на свободу від обмежень і поступово, але наполегливо рухайтеся до своєї мети.

Визначення бездіяльності також має на увазі вміння долати перешкоди, які виникають на шляху до досягнення ваших цілей та втілення ідей. Якщо життя не складається за вашим планом, візьміть на озброєння деякі важливі питання: чи справді ви знаходитесь в потрібному місці? Чи не надто швидко ви йдете; чи біжите навздогін часу? Чи потребуєте ви більшої витримки і терпіння? Чи потрібен вам час, щоб підготуватися і зібратися силами для досягнення своєї мети? Можливо, варто задуматися про те, чи є ваша мета реалістичною та досяжною.

Запитайте себе: чи є те, що ви хочете, дійсно правильним? Чи не обмежують ваші плани свободу інших людей, змушуючи їх бути тими, ким вони не хочуть бути, або робити те, що вони не хочуть робити? Якщо ви задієте інших людей, яку користь вони отримають від цього? Можливо, проблеми виникають через те, що ви забуваєте посвячувати інших у свої плани? Чи ви поважаєте всіх залучених партнерів та робітників і дбаєте про них, чи переконалися, що вони щасливі та готові продовжувати працювати? Чи є те, що ви хочете, духовно смиренним і чи сприяє вашому розвитку та кращому життю? Чи ви просто шукаєте легких шляхів?

Не забувайте, що багато речей, які ви хочете, можуть стати вашою в'язницею. Наприклад: матеріальні речі можуть почати вас обтяжувати, тому що ви змушені піклуватися і турбуватися про них. Іноді ваша духовна сторона, ваша глибша підсвідомість, Вище "Я", може захистити вас від різних перешкод та лих. Можливо, вам буде важко досягти того, чого хоче ваше его, тому що ваше внутрішнє духовне Вище "Я" не хоче цього насправді. Таким чином, ваше Вище "Я" може вставити вам палиці в колеса і запобігти досягненню вами своїх цілей, щоб зберегти вашу гармонію і душевну рівновагу.

Якщо щось не працює і перетворюється на хаос, виникає необхідність задуматися: "Можливо, це відбувається через мої глибокі, внутрішні переконання. Коли я переслідую певні цілі, наскільки я щиро бажаю досягнення цих цілей і наскільки вони відповідають моїм справжнім потребам і цінностям? Чи відданий я по-справжньому цій ідеї? Які наслідки та зобов'язання на мене чекають? Можливо, я надто багато вкладаю в цю ідею, і, в результаті, її реалізація не принесе мені задоволення."

Я впевнений, що ви стикалися із ситуаціями, коли витрачені зусилля на отримання бажаного не виправдали себе. Це може призвести до розчарування. Тому важливо не сходити зі шляху, не переслідуючи мети просто заради її досягнення, а потрібно замислитися над тим, чи справді вона для вас важлива і чи варта витрачених зусиль.

Важливо також поставити собі запитання: наскільки переконливими та осмисленими є мої дії? Іноді кілька маленьких, але правильних кроків ведуть до великих результатів, замість того, щоб битися головою об стіну і витрачати сотні годин на марний процес.

Існує школа думки, яка пропагує принцип "бити головою об стіну", доки перешкода не поступиться. Однак мені здається, що такий підхід позбавлений витонченості і може призвести до серйозних наслідків.

Якщо ви зіткнулися з перешкодою, не поспішайте долати її силою. Насамперед зробіть крок назад і уважно проаналізуйте ситуацію. Можливо, треба адаптуватися та знайти обхідний шлях. Іноді потрібно просто почекати, поки ви наберете необхідну енергію для подолання перешкоди. Не варто битися головою об стіну і марно намагатися просуватися вперед силою думки. Краще зупинитися і набратися сил та енергії. Важливо скласти план дій, який допоможе обійти перешкоду.

Наприклад, якщо вам потрібно продати свій товар, подумайте, як це зробити найбільш ефективно, або як уявити свою ідею так, щоб її почули та оцінили інші люди. Замість того, щоб долати перешкоди насильством над собою та своїм розумом, краще відчути, де знаходиться ваш шлях меншого опору. Не треба використовувати голову як зброю, краще мовчки прислухатися до своїх почуттів та інтуїції.

Пам'ятайте, що ваша безмовна сила допоможе досягти своїх цілей. Перехід від бездіяльності до тонкої природи почуттів допоможе вам побачити нові можливості та знайти свій унікальний шлях до успіху.

РОЗДІЛ VI

Витончені Почуття

Як згадувалося в першому розділі, кожна людина випромінює тонке ефірне відчуття, яке є складною мережею енергії, що діє як відбиток великого пальця на енергетичному рівні. Люди підсвідомо сприймають ваш сукупний вплив і відповідно реагують на нього. Ваше підсвідоме почуття - це ваше справжнє Вище "Я". Ваше життя є свого роду дзеркало, що відображає ваші найглибші почуття та емоції. Нерідко трапляється так, що ваш розум прагне певних речей чи подій, а реальність підносить вам щось зовсім інше.

Почуття - це поняття, яке має більш глибоке та метафізичне значення, що відрізняється від звичного розуміння. Коли ми відчуваємо фізичний стимул, наприклад, коли постукуємо пальцями по тильній стороні руки і цей імпульс досягає нашого мозку, ми схильні назвати це почуттям. Однак, насправді - це не справжнє почуття, а лише відчуття. Коли ми вирішуємо проблему чи приймаємо рішення, наш розум може сказати: "Я відчуваю, що нам потрібно зробити так чи інакше". Але в цьому контексті розум не має фізичних відчуттів, він просто мислить. Більшість того, що розум називає своїми почуттями, насправді є скоріш думкою чи оцінкою. Відрізнити справжні почуття від думок і поглядів може бути важливим кроком до глибшого розуміння себе та своїх емоцій.

Наша емоційна реакція на позитивні чи негативні події, пов'язані з нашою особистістю, називається почуттями. Однак і це визначення не точне. Особистість встановлює правила та очікування, які за їх відповідності викликають позитивні емоції, а за їх протилежності - негативні. Якщо особистість не любить мокру чи холодну погоду, чи не приємні ситуації, такі як падіння у річку – це викликає емоційну реакцію. Емоції є реакцією особистості, презентація яких відбувається на великій сцені і записується в театрі розуму.

Наші емоції відображають наші думки та уподобання. Якщо ми не маємо своїх думок і передбачень, життя не викличне у нас конфліктних ситуацій, і ми не зазнаємо негативних емоцій. Тому ключ до добробуту не полягає у задоволенні потреб нашого его, а скоріше у зменшенні наших бажань та абсолютних вимог.

Справжні та приховані почуття розвиваються у нашому розумі, коли ми контролюємо свої думки. Через спокійний розум вони проникають у нескінченне знання, яке відповідає вічному життю всіх речей. Там ми можемо знайти відбиток, який залишає кожен людський розум. Це метафізичне пояснення всіх людських дій.

Великий Записуючий Банк або Записи Акаши, як його ще називають, - це метафоричне поняття, яке описує ідею про збереження нескінченного знання та запису людських емоцій на найглибшому рівні духовної еволюції. Це символічне уявлення найвищого рівня свідомості чи колективної несвідомості, де зберігаються досвід, переживання та емоції, пов'язані з людським розвитком.

Великі Записи Акаши є образним уявленням місця, де кожен емоційний стан, кожне переживання і кожне духовне прозріння зберігаються і доступні для перегляду. Вони містить повний запис про кожну людину, а також колективну історію людства. Це місце, де пов'язані емоції, духовність та божественне знання.

Важливо розуміти, що Записи Акаши, архів нескінченного знання є метафорою та концептуальним уявленням, а не фізичним місцем чи реальною структурою. Він допомагає нам сприйняти та усвідомити глибокий зв'язок між нашими емоціями, колективним почуттям та Силою Бога.

Ніхто не може бути позбавлений доступу до того, що хоче дізнатися про інших, про тих, про кого піклується. Якщо інформація знаходиться в цій Великій Пам'яті, її можна отримати. Таким чином, ви не можете отримати невідомі формули, але ви можете побачити, що відчувають люди в даний момент. Цей процес може здатися окультним та екстрасенсорним, але насправді це внутрішньо-сенсорне сприйняття. Воно доступне кожному і виходить із Метафізичної Витонченості, Консолідації, Спокою та Контролю. У своїх книжках Доктор Лінда Хау більш детальніше розповідає про Записи Акаши і як отримати ці безцінні знання.

Зробіть ставку на тонку силу, і ви поринете у світ таємничої глобальної пам'яті. Тонка сила тут є невидимою, але могутньою енергією, яка проникає в нашу суть і пов'язує нас з колективним багатством знань та досвіду людства. Вона відкриває перед нами ворота до історії, культури та мудрості різних часів та народів. Глобальна пам'ять є сховищем усіх емоцій, думок та подій, які сформували та продовжують формувати нашу реальність. Коли ми приділяємо увагу і розвиваємо цю тонку силу, ми отримуємо можливість усвідомити глибинні зв'язки і дізнатися більше про себе та світ, у якому ми живемо. Ми розширюємо своє розуміння та сприйняття, стаємо більш вдумливими та свідомими у прийнятті рішень та взаємодії з оточуючими. Усвідомлення цієї таємничої Глобальної Пам'яті відкриває перед нами нові горизонти пізнання та співробітництва, дозволяючи нам робити власний внесок у еволюцію та прогрес людства.

Ми всі належимо до Глобальної Пам'яті, яка резонує зі своїм власним Колективним Почуттям, і ми розвиваємося всередині групового почуття. Все випромінює Силу Бога, у тому числі неживі предмети. Крім того, все, що стикається з людьми, пронизане тонким відбитком, наших думок, емоцій та ефіра що залишаються після нас.

Деякі речі не зникають безповоротно, але можуть змінитися будь-якої миті. Коли музика заповнює простір, вона залишає сліди у нашому сприйнятті. Кожна мелодія переплітається з іншою, створюючи унікальну музичну подорож. Звичайно, ці звуки зберігаються, і ми можемо відтворити розмови, які відбувалися сторіччя тому.

Емоційний слід, залишений людиною, легше отримати, ніж видалити звукову хвилю зі стіни. Якщо ми зазирнемо в глибину людського розуму, ми зможемо розкрити таємниці кожної особистості і дізнатися найбільш приховані деталі про неї. Однак, більшість людей не усвідомлює цього, вони не знають про такий емоційний слід і надто зайняті своїми думками та переслідуванням своїх інтересів.

Уявіть собі людину, чий розум наповнений музичним оркестром. Вона не може зосередитися на чомусь через сильний ментальний шум. Її особистість домінує, а тонкі почуття пригнічені. Вона чує, бачить і відчуває лише те, що відповідає власним бажанням та прагненням. Її сприйняття навколишнього світу звужено через фільтрацію розуму.

Для того, щоб розширити свою силу та отримати доступ до глобальної пам'яті, необхідно дотримуватись кількох принципів. Насамперед, потрібно зупинити балаканину свого розуму, що можна зробити за допомогою медитації, дисципліни та розумового контролю. Один із найпростіших методів щоб заспокоїти свій розум це придумати слово що немає жодного значення, знайти затишне місце де ви можете комфортно сісти щоб ваша спина була випрямлена, закривши очі повторяти ваше слово про себе або вголос якщо на самоті. Ви можете практикуватись починаючи з двох хвилин до п'ятнадцяти хвилин. Піст - чудовий спосіб закрити рот розуму. У той час, коли ви не їсте, розум заспокоюється. Можна також спробувати "піст мови" на 24 години і ні слова не промовляти. Тиша, час для себе, фізичні вправи та легка дієта з низьким вмістом білка допомагають підвищити рівень енергії в організмі. Дисципліна допомагає здобути впевненість, спокій та силу.

Далі потрібно почати тренувати своє сприйняття, навчити свій розум помічати всі деталі навколо вас, навіть найменші. Це вимагає дисципліни та вміння виходити зі стану сну та переходити до більш енергійного. Вам потрібно відновити тонкі сприйняття, які ми втратили, коли життя стало надто комфортним, і наш інтелект став домінуючим. Наше сприйняття пов'язане з атавістичними здібностями, які ми забули та які потрібно відновити.

Спробуйте наступну вправу: знайдіть лавку в торговому центрі і сядьте на неї. Зосередьте свою увагу на кожній дрібниці навколо себе, просто дайте інструкцію своєму розуму: "Я хочу помічати всі деталі". Це дозволить вашому розуму сфокусуватись на зовнішньому світі, а не на собі. Шосте почуття, внутрішнє знання, виходить із підвищеної чутливості та усвідомлення звичайних п'яти почуттів.

У торговому центрі зверніть увагу на деталі. Якби я запитав вас за годину: "Скільки лавок у торговому центрі і якого кольору?", то ви могли б відповісти і запам'ятати, що було всього сім лав - чотири чорного кольору і три коричневі. Ви б сказали: "Я також пам'ятаю маленьку бирку на лавці біля кафе з написом «Лондон», а на дерев'яній лаві, біля входу в магазин одягу, на спинці в правому кутку в трьох сантиметрах зверху була приклеєна жувальна гумка.

Тепер я запитаю: "Скільки столів знаходиться в кафе, через яке ви проходили?" Ви зможете відповісти, ґрунтуючись на своїх спостереженнях: "Я бачив сім столів, два з яких були зайняті. За одним сиділа молода пара, вони пили каву а за іншим сиділа жінка похилого віку, яка пила сік і читала книгу".

Потім зверніть увагу на перехожих. Просто стежте за ними, не осуджуйте їх. Перш ніж перейти до того, що люди відчувають з емоційної та метафізичної точки зору, подивіться на те, як вони виглядають і що це означає.

Людська зовнішність справді може відображати наш внутрішній стан та емоції. Цей феномен іноді називають "видимими емоціями" або "лицьовими виразами". Коли ми тривалий час у житті відчуваємо певні емоції, вони можуть проявлятися на нашій особі у вигляді певних ознак.

Наприклад, злякана людина може мати широко відкриті очі, підняті брови та стислі губи. Це з реакцією організму на стресову чи загрозливу ситуацію. Погляд такої людини може бути спрямований у бік можливої небезпеки або намагатися знайти шляхи для спасіння.

Підлість і лукавство також видно на обличчі людини. Наприклад, деякі люди можуть мати особливо тонку верхню губу та вузькі очі, що може створювати враження недовіри чи потайливих намірів. Такі риси можуть викликати відчуття недовіри в інших людей.

Зверхність або зарозумілість також можуть виявлятися на обличчі. Підняте підборіддя та вираз гордості можуть бути ознаками зарозумілості. Лінія між нижньою частиною носа та верхньою губою, звана жолобком, може бути особливо вираженою у деяких людей, що підкреслює їхнє почуття переваги.

Гнів, цей могутній емоційний вогонь, знаходить свій прояв у найнесподіваніших місцях. Зверніть увагу на верхню частину носа - саме тут можна вловити його відбиток. Придивіться, можливо, перенісся трохи підняте, а між бровами проступає тонка зморшка, немов символ гніву, витканого на обличчі.

Проте, гнів пронизує як обличчя, та й плечі. Злі люди, намагаючись захистити своє серце, сутулячись, ніби намагаються оберігати його від люті. Це відбувається частково тому, що підсвідомо вони усвідомлюють, що їхні негативні емоції можуть скоро занурити їхнє серце в хаос, а також для захисту від болю, який вони відчувають глибоко всередині.

Відкрита сексуальність проявляється в позі верхньої частини тіла, коли стегна винесені назад та таз злегка висунуто вперед. Для створення сексуальної ходьби людині потрібно обертати тазові кісточки, спочатку в один бік, потім в інший, щоб зробити рух природним та привабливим. Цей процес може здатися кумедним, він не шкодить, але може привернути увагу.

Крім того, люди зазвичай не усвідомлюють, що на них дивляться. Вони зосереджені на собі і не розуміють, як їхні маленькі рухи та вирази обличчя можуть видати їхні справжні думки та бажання. Спостереження за найдрібнішими рухами тіла може дати ключ до справжніх намірів і почуттів, оскільки вони проявляються в підсвідомості і можуть бути непомітними для самої людини.

Зовнішній вигляд людини, такий як хода, поза та вираз обличчя, є проекцією її внутрішнього світу, її Вищого "Я". Люди, які почуваються слабкими і не захищеними, приймають оборонну позу верхньої частини тіла, їхні очі швидко та часто переміщуються у різні боки.

Якщо ви випадково зустрінете справжніх мудреців у торговому центрі, то зверніть увагу, що їхні погляди повільно пливуть уперед і назад, вони дивляться прямо чи трохи вгору або вниз. Вони отримують інформацію, що знаходиться по сторонах, через периферійний зір, який згодом у них стає більш чутливим.

Для того щоб розвинути своє сприйняття, потрібно лише звернути увагу на інформацію, яку ви зазвичай ігноруєте - візуальну, слухову, і, звичайно ж, запахи інших людей. Зазвичай ми не замислюємося про те, щоб вникнути в аромати людей, якщо вони не виділяють неприємний запах поту. Але, у міру того як ви тренуєте свою чуйність, ви стаєте все більш чутливими до запахів. Ви починаєте помічати, що кожна людина унікальна, і її запах передає вам різні сигнали. Зміцнюючи своє сприйняття через спостереження, ви швидко навчитеся розумітися на нюансах і готові розширити свої тонкі почуття.

Подивимося тепер на екстрасенсорну частину вашої внутрішньої енергії, яка перебуває у вашій сутності.

РОЗДІЛ VII

Природа Буття

Поняття природи нашого буття або сутності включає усвідомлення нашого глибокого духовного зв'язку з навколишнім світом, включаючи рослини, тварин і мінерали. Ця концепція описує ідею про єдність всього сущого та нашу взаємодію з ним.

Ми походимо з матерії, яка була сформована у зірках. Зірки, народжені мільярди років тому, проходили еволюцію і, зрештою, помирали, викидаючи в навколишній простір елементи, які стали основою формування нашого тіла. Кожен атом у нашому організмі, включаючи залізо у нашій крові, пройшов довгий шлях у космосі, перш ніж стати частиною нас. Ми можемо уявити цю подорож заліза, що подолав трильйони кілометрів, щоб відіграти важливу роль у нашому організмі.

Таким чином, ми є реінкарнацією мертвої зірки на вищому рівні еволюції. Ми буквально складаємося з того ж зоряного пилу, що і Всесвіт загалом. Це усвідомлення єдності всіх форм життя та неорганічного світу приносить у наше життя глибоке почуття взаємопов'язаності із Всесвітом.

Однак, цей зв'язок не обмежується лише матеріальною сферою. Ми також пов'язані духовно з навколишнім світом. Ми поділяємо спільне джерело життя і свідомості, яке пронизує всю реальність. У цій концепції присутня ідея, що все суще має духовну природу і взаємодіє між собою на рівні енергії та свідомості.

Розуміння нашого зв'язку з навколишнім світом та духовним виміром призводить до глибокого почуття поваги та відповідальності перед природою. Ми стаємо більш усвідомленими своєю роллю у Всесвіті та визнаємо важливість балансу та гармонії у наших відносинах з навколишнім середовищем та іншими формами життя.

Це розуміння надихає нас концентруватися на розвитку. У процесі самопізнання ми усвідомлюємо, що є невід'ємною частиною історії Всесвіту та маємо необмежений потенціал. Наше прагнення до гармонії, мудрості та любові відображає ті якості, які ми бачимо в самій природі.

Розуміння нашої природи буття та зв'язку з навколишнім світом відкриває перед нами більш глибокий та захоплюючий погляд на наше життя та власне існування.

Мені здається, що наш зв'язок із тваринами та природою – не випадковість, а прояв колективного духу. Я впевнений, що кожен вид тварин і рослин має свій індивідуальний дух, який допомагає їм прогресувати і проходити еволюцію. Комахи, птахи, звірі, всі вони розвиваються своїм власним шляхом, так само, як і ми самі. Наш взаємозв'язок із навколишнім світом - не просто фізична, а й метафізична єдність. Всі об'єкти природи, будь то тварини, рослини або каміння, є частинами великої мозаїки, яка складає колективний дух.

Ви - невід'ємна частина еволюційного процесу, що відбувається на Землі. Незважаючи на ваше людське походження, ви не позбавлені зв'язку з нижчими рівнями тваринного царства, і ви маєте можливість спілкуватися з Живим Духом, оскільки частина вашої сутності вже знаходиться там. Ваше ефірне поле є відкритим вікном туди, де нескінченні виміри розширюються у вічності та зливаються з нескінченним Вищим "Я".

Еволюція тваринного царства є дивовижним процесом, в якому різноманітні види розвиваються і адаптуються до середовища, що постійно змінюється. У цьому процесі можна побачити і духовну еволюцію, яка відбувається у не забрудненому вигляді, вільна від його та інших домішок, характерних для людського досвіду.

Одна з основних відмінностей тварин від людей полягає у відсутності складного його та самосвідомості. У тварин немає такої розвиненої здатності аналізувати та усвідомлювати свої дії, свої бажання чи своє місце у світі. Натомість, вони живуть у моменті, у гармонії з природою та природними інстинктами.

У процесі еволюції тварини пристосовуються до свого середовища, розвиваючись фізично та адаптуючи свою поведінку, які дозволяють їм виживати та розмножуватися.

У процесі духовної еволюції тварини не обтяжені складними думками про ідентичність, самооцінку чи своє місце у світі. Натомість, вони природно зливаються з навколишнім середовищем, проявляючи свої інстинкти та природні здібності. Вони вступають у прямий зв'язок із природою і живуть у єдності з нею. Тварини відображають чисту сутність та інтуїтивне знання, що виходить із глибинної єдності з природою. Вони демонструють природну мудрість і спонтанне пристосування до середовища що не забруднено складними способами мислення, судженнями чи егоїстичними спонуканнями.

Це не означає, що духовна еволюція обмежена лише тваринним царством або, що тварини не мають своїх власних викликів та прагнень щоб вижити. Однак, еволюція тварин відкриває перед нами приклад природної та вільної духовності, яким ми можемо лише захоплюватися і вивчати.

У результаті, розглядаючи еволюцію тваринного царства, бачимо, що чиста духовна еволюція можлива без складних егоїстичних домішок. Це може надихнути нас на пошук більш гармонійних та вільних способів розвитку власної духовності, звільняючись від егоїстичного мислення та прагнення до матеріальних благ.

Тварини мають унікальні здібності та якості, які можуть навчити нас багато чому. Вони нагадують нам про часи, коли все було просто і в гармонії, до часу коли его стало королем фізичного світу.

В теорії безмовної сили й на шляху вашого особистого зростання важливо розширювати свою свідомість у різних вимірах. Смиренно і безмовно спілкуйтеся з духами природи, просіть їх зцілити вас, наставляти вас і показати вам святість і простоту їхніх шляхів.

Ви можете стояти спиною до стовбура дерева та спрямовувати його енергію через себе, щоб ефірно очистити свій організм. Ви можете розслабитися на березі озера і використовувати воду, щоб зцілити свої страждання, біль та занепокоєння. Якщо вам потрібно досягти вищої точки у своїй еволюції, то можна використовувати силу грози, а для трансформації своїх думок та емоцій у вищу реальність, ви можете звернутися до сили вогню. І, безумовно, є сила Землі, яка знаходиться у самій землі та черпає свою енергію та тепло з глибини ядра. Ядро нашої планети, обертаючись, діє подібно до електродвигуна і виробляє колосальну кількість енергії. Ця сила стане вашою, коли усвідомите її тоді ви відкриєте нові можливості.

У глибшому розумінні нашої сутності лежить відповідальність, яку усвідомлюють лиш деякі. Нам необхідно проектувати енергію на духовні еволюції, які рухаються повільніше та вібрують менш складним чином, ніж наша. Наприклад, на тварин. Тому ми повинні виявляти повагу та любов до духів природи - різних видів дерев, звірів, істот, що повзають по землі, мешканців води та повітря.

Крім того, що інші виміри дають вам зцілення, спокій і бадьорість, ви також можете сприяти вищій еволюції тварин. Коли ви фокусуєтеся на божественному творінні або торкаєтеся тварини, вона прогресує. Коли ви концентруєтеся на рослинах, воді та повітрі, вони ростуть. Просто люблячи птицю і спостерігаючи як вона летить, ви прискорюєте її еволюцію. У результаті через вашу внутрішню природу ви створюєте духовний міст - шлях назад до ранньої еволюції і шлях вперед до більш розвинутої еволюції вище нашої. Таким чином, ви будуєте нескінченний міст через виміри живого духу за допомогою безмовної сили вашого Вищого "Я".

Коли ми говоримо про те, що стаємо одним із елементів і частиною ефіру, ми відкриваємо перед собою концепцію єдності всього сущого у Всесвіті. Ця концепція має на увазі, що все, що існує, включаючи нас самих, є частиною більш глибокої та всеосяжної реальності.

Наша сутність сягає далеко за межі людського досвіду. Ми переживаємо еволюції не тільки у рамках людського існування, а й поза ним. Ми є частиною ширшої еволюції Всесвіту, який включає не тільки людське царство, але й різні форми життя та природи буття.

Краса природи відповідає сезонам року, поміркованості та спокою, що символізує вічний та нескінченний процес еволюції. Саме тут, у природі буття, ви усвідомлюєте нескінченний шлях – простоту всіх речей. Завдяки природі ви продовжуєте свій шлях після смерті, повертаючи свій зоряний пил на землю і продовжуючи свій розвиток.

Прославляючи вашу внутрішню природу буття, ви знайдете глибоке розуміння духовної еволюції елементів: води, землі, повітря та вогню, а також священного ефірного виміру. Поклоняючись духовним ієрархіям та груповим духам тварин, просіть їх навчати та розвивати вас. На знак вдячності запропонуйте їм свою любов і допомогу в їхньому розвитку, допомагаючи їм досягти нових висот так само, як хтось або щось допомагало розвиватися нам, людям, багато століть тому, і привело нас до того, де ми знаходимося сьогодні.

Проявляйте милосердя до менш освічених душ і підтримуйте їх. Таким чином, ви розширюєте можливості своєї духовної подорожі – від егоїзму до вищого духу, від хаосу до ясності, від невпевненості до зміцнення вашої сили.

Проектуйте світ навколо вас з розсудливістю та добротою.

РОЗДІЛ VIII

Ефірне Сприйняття

Для того щоб відчути тонкі ефірні вібрації, вам необхідно розвинути ваш периферичний зір. У центрі нашого ока знаходяться клітини, відомі як колбочки – вони відповідальні за сприйняття кольору та прямого світла. А клітини на бокових сторонах нашого ока називаються паличками, вони менш чутливі до кольору, але більш чутливі до змін у навколишньому середовищі. Протягом багатьох століть ми втратили наш периферичний зір, оскільки він став менш необхідним для нашої безпеки в лісі та іншому середовищі.

Ефірне поле має дуже слабку інтенсивність і дуже швидко рухається, що робить його непомітним для колб у наших очах. Його складно розрізнити в яскравому денному світлі або при сильному штучному освітленні, такому, як неонові лампи.

Для того щоб розвинути периферичний зір, потрібне постійне тренування. Простий спосіб – зосередьте увагу на тому, що знаходиться з боків. Розмістіть руки по обидва боки обличчя на відстані приблизно сорок п'ять сантиметрів від нього і повільно відводьте їх назад, не відводячи очей від центру. Слідкуйте за тим, як довго ви зможете бачити свої руки, не глянувши на них безпосередньо.

Ця вправа допоможе вам активувати периферичний зір та згодом зможете побачити ефірне поле. Але пам'ятайте, що ефірне поле надто слабке і рухається надто швидко, щоб його можна було побачити колбочками у центрі ока. Його чітко видно у розсіяному освітленні або у сутінках.

Різноманітність харчування – один із способів підвищення чутливості людини. Якщо ваш раціон складається з легких страв або є вегетаріанським, ви можете краще відчути тонкі енергії життя. Коли ви постите, ваші мозкові хвилі уповільнюються, а метафізична енергія у вашому тілі прискорюється. Зниження метаболізму призводить до затихання вашого розуму, що дозволяє відійти від свідомості виживання его і почати долати метафізичні вимірювання.

Заспокоївши свою енергію, ви зможете побачити приховану енергію в собі та інших. Однак я зрозумів, що бажання просто побачити ефірне поле недостатньо. Щоб побачити його, потрібно стати частиною ефірного світу. Необхідно з'єднання на енергетичному рівні, де ви існуєте одночасно у двох світах, переміщаєте свою свідомість від его до духу, від визначеного до нескінченного. Більше того, я помітив, що віра в себе та в таємничі внутрішні світи допомагають відчинити перед вами двері в ефірний світ.

Спочатку я сумнівався у своїх переконаннях, потім сподівався, що вони вірні, але лише через кілька років я усвідомив, що вони справді вірні.

Можливість відчувати ефір не потребує обов'язкового бачення цього стану. Ваш розум здатний простягнути "руку" і зіткнутися з ефірними енергіями інших людей, переміщаючи ваше ефірне тіло або його частини за допомогою вашої сили волі. Такий досвід перевищує просту уяву в думках, наприклад, в стані трансу ви можете "перенести" ваші ефірні ноги вниз і відчути, як вони "пливуть" по поверхні підлоги. Навіть якщо ваше фізичне тіло залишається нерухомим, ви все одно можете сприймати рух ефірних кінцівок. Це реальне відчуття, яке незалежно від думок та емоцій.

Повернімося до торгового центру. Виберіть зручну лаву, біля якої проходять люди, і готуйтеся відчути свої ефірні почуття, коли вони віддалятимуться від вас. Чому ви не вправляєтеся, коли люди прямують до вас? Це пов'язано з тим, що ви не хочете, щоб їхній зовнішній вигляд чи одяг надто сильно впливали на вас.

Коли людина проходить повз вас, уявіть, що ви простягаєте руку до неї через центр її спини і знаходите молекулу її почуттів, які знаходяться в області серця. Відпустивши свій розум, позбавляючись всіх думок і не дотримуючись упереджених поглядів, ви відкриваєте можливість нового розуміння і глибокого усвідомлення людей. Коли ви готові запитайте себе: "Які почуття переважають у цієї людини?" Перше, що прийде вам на думку, буде правильною відповіддю.

Для початку слід почати шукати прояви простих емоцій, таких як гнів, страх, сум'яття, нудьга, щастя та радість. З часом, ви стикатиметеся з більш складними емоційними сумішами, розкриваючи все більш інтимні і приховані деталі. Не задовольняйте себе своїм обмеженим сприйняттям. Важливо, щоб ви спробували та зміцнили свою здатність сприймати навколишній світ. І неважливо, праві ви чи ні, головне збільшувати свою чутливість та розуміння.

Вправляйтеся на сто, а потім на п'ять тисяч чоловік. З досвідом вам не доведеться напружуватися, щоб відчути їхні емоції, ви читатимете їх, як відкриту книгу. Цей процес є дивним і подарує вам глибокий духовний урок, а також допоможе зберігати скромність. Еволюція людини на цьому шляху призводить до гармонії душі.

Дослідження показують, що перегляд на відстані набагато складніший, проте, з досвідом можна досягти значних результатів. Ефективність цієї техніки підвищується, якщо людина, на яку ви звертаєте свою увагу, перебуває в стані глибокого сну в передостанньому циклі, що триває близько дев'яносто хвилин. У цей час мозкові хвилі людини характеризуються низькою чистотою та відсутністю активності інтелекту, що робить її найбільш доступною для контакту з духовною сутністю та Вищим "Я". Наприклад, якщо звичайний час пробудження людини складає 6:00, оптимальний час для перегляду на відстані буде в період з 3:00 до 4:30. Пам'ятайте, що кожна людина – це комплекс почуттів, які вона переживає. Для того, щоб знайти її, потрібно бути в курсі емоційного стану або знати її ім'я, а не зовнішній вигляд. Це допоможе вам сконцентруватися на правильному напрямку, але не є важливим. Тепер сконцентруйте свою увагу на ній і звільніть свій розум від думок. Притягніть її до себе, не спрямовуйте до неї свою свідомість і не рухайтеся до неї. У нашому внутрішньому світі все рухається у протилежних напрямках, з ліва на право та з права на ліво. Також є дивні закони, пов'язані з рухом вперед і назад. Уявіть цю людину напроти себе і запитайте: Які емоції переповнюють вас зараз? Як би ви описали свій загальний емоційний стан? І яке справжнє питання, відповідь на котре ви прагнете дізнатися? Дайте їй час, щоб її внутрішнє Вище "Я" могло дати вам відповідь. Воно завжди щиро та відкрито вам відповість. Отримавши відповідь, відпустіть людину, побажавши любові, добробуту та міцності.

Далекий перегляд – мистецтво, яке потребує тонкої чутливості. Воно виникає з безмовної мудрості, яка розширюється разом із вашим зростанням, коли ви усвідомлюєте своє внутрішнє зростання, як частину глобального поля почуттів, яке не має меж.

Ваша подорож у інші світи починається з розуміння безмовної сили. Незважаючи на те, що в цій книзі я не можу розкрити всі ці світи, я можу дати вам ключ до розуміння та направити вас на правильний шлях. Вам потрібно почати з дисципліни, тільки тоді ви зможете стояти на перехресті та вибрати свій наступний крок.

Для того, щоб усвідомлено взаємодіяти зі світом, потрібно поглянути на нього як на потік енергії та прийняти відповідальність за свою власну енергію. Кожна ваша дія, слово, дотик і навіть швидкоплинний погляд впливає на навколишній світ. Ви впливаєте на тварин та рослини, атмосферу, воду та будівлі. Тонкі зміни в енергетиці людей відбиваються на спільній енергії, яку ви випромінюєте.

Тому, щоб жити в гармонії з навколишнім світом, необхідно розвивати дисципліну та усвідомленість.

Щоразу, коли вами опановує злість, це відбивається на навколишній природі. Квіти та рослини, що знаходяться поруч, починають в'янути, приймаючи на себе вашу негативну енергію. Навіть домашні тварини не можуть встояти перед потужним полем, яке ви випромінюєте, і починають хворіти. Коли ж ви відчуваєте злість і спрагу помсти, енергетична атмосфера кімнати, де ви знаходитесь, стає напруженою і хаотичною, руйнівно впливаючи на все навколо. Кожен, хто потрапляє у ваше поле злоби, зазнає нищівного впливу.

У такі моменти реальність стискається і зникає, вам здається, що все навколо зникло, і ви залишилися віч-на-віч зі своїми емоціями. Це пояснює, чому так багато аварій на дорогах відбувається через лють та ненависть. У такі моменти сприйняття зовнішньої реальності зникає, і ви не бачите перешкод на своєму шляху, доки не відбувається зіткнення з реальністю.

Коли ви усвідомлюєте свою ефірну природу, то несете на собі відповідальність за те, що відбувається навколо. Ваша енергія розповсюджується навколо вас, торкаючись та змінюючи всі об'єкти своїм впливом. Ваша присутність скрізь і всюди, всередині всіх речей. Тому необхідно бути обережним у своїх вчинках і словах, оскільки вони впливають на навколишній світ.

На перехресті варто пам'ятати, то що нам здається як твердість світу, - це ілюзія, вироблена від руху атомів. Якби вони лише на мить уповільнили свої коливання, ви могли б пройти крізь стіни. Під час позатілесного досвіду свідомість переноситься в тонке тіло, маса якого, наскільки ми знаємо, становить лише чотири грами. Саме це тіло дозволяє пройти крізь тверді предмети, які для нас здаються непереборними перешкодами.

Фізична реальність - це лише обман зору, ілюзія, створена колективним сприйняттям. Ви почуття. Ви звикли вважати своє тіло матеріальним та непроникним, але насправді воно складається з частинок, що утворюють ефірну хвилю. Під час внутрішньої подорожі ви усвідомлюєте, що можете перейти з фізичного існування твердих частинок у більш ефірний стан хвиль, і тоді межі вашого тіла зникають.

В енергетичному вигляді ви є безформним коливанням, яке не обмежене простором і часом і не може бути визначене в рамках людського розуміння. Цей стан містить вашу свідомість і може керуватися силою вашої волі. Саме тому ви маєте величезний потенціал для прояву себе в ефірній реальності, де ви можете рухатися без обмежень, як хвиля, і бути скрізь одночасно. Завдяки цьому, ви можете спілкуватися з людьми у будь-якій точці світу без будь-яких обмежень та витрат необхідних для реклами, оголошень чи авіаперельотів.

РОЗДІЛ IX

Психічний Захист

Давайте трохи поговоримо про те, як захистити себе від психічних та емоційних атак інших людей. На жаль, не існує сто відсоткового надійного захисту від цих дій. Ефірний світ наповнений різними формами енергії та вібрацій, доступ до яких мають лише деякі. Ми всі знаходимося всередині величезного глобального поля свідомості та колективних емоцій. У філософському сенсі ми є єдиним цілим, і наші долі тісно пов'язані між собою.

Коли дві людини знаходяться поблизу одна від одної, їх ефірні поля стикаються та відштовхують одна одну. Мною були зроблені деякі висновки з цього спостереження: якщо ви спокійна, впевнена в собі людина і вмієте контролювати свої емоції, то ваша енергія зміцнюватиметься, на відміну від хаосу, який зазвичай походить від інших людей. Ваш захист полягає у стійкості, вашій безмовній силі та дисципліні. Таким чином, інші ефірні тіла не заважатимуть вам, а навпаки, відштовхуватимуться від вас при зустрічі.

Крім того, якщо ви володієте відкритим серцем і відчуваєте глибоку любов до людства, в цьому випадку енергія, що входить, часто проходить крізь вас, не залишаючи за собою жодних слідів. Ваша духовна перспектива і любов, що пронизує вас, не узгоджуються з темною і низькою знеціненою енергією світу его. Ваше високе коливання перешкоджає злиттю з нижчими частотами, які зазвичай оточують нас.

Наприклад, якщо ви дотримуєтеся цнотливості або не випромінюєте сексуальну енергію, то інша людина не може утримувати сексуальні думки про вас довго. Ваша енергія не дає їм зачепитися, і вони просто проходять крізь вас, наче лезо ножа, що ковзає по гладкій поверхні, не пошкодивши її.

Хороший захист - не насміхатися і не засуджувати інших людей, і не мати злості, завести, ненависті чи ворожнечі у серці. Найкращий захист – не захищати нічого. Чим більше ви не прив'язані до реальності через критику та визначення, тим прозорішими ви стаєте. Це схоже на невидимість. Ви знаходитесь тут і не тут, у пошуку досконалості, але далеко від звичайної рутини. Довіртесь, внутрішній доброті, яка служитиме вам щитом.

Важливою частиною вашої повсякденної практики має стати проектування любові та миру на всіх, кого ви зустрічаєте. Коли ви йдете вулицею, подивіться на людей і подумки передайте їм свою любов, наповнюючи їхні серця цим почуттям.

Зробіть це обов'язковим ритуалом, і з часом ви знайдете почуття беззаперечного прийняття, яке звучатиме голосно і ясно. Це найкращий спосіб захистити себе та свою душу.

РОЗДІЛ X

Висновок

Практично кожна людина стикалася з труднощами прояву впевненості в собі, особливо якщо почувається невпевнено. Але є спосіб перемогти це почуття - вдати, що ви впевнений, поки не станете їм по-справжньому. Залишайтеся спокійними та зібраними, не нахиляйтеся, не демонструйте свою спрагу чи прагнення та контролюйте свої емоції. Тоді ви зможете контролювати свою психологію. Ви будете використовувати свою внутрішню силу, навіть якщо ще не усвідомили її повною мірою.

Не варто розкривати себе на всі сто перед іншими. Краще тихо працювати над своїми недоліками, удосконалюючи стриманість та загадковість, прагнути організованості та само достатку, тримаючи своє життя під контролем. Знання – це і є сила. А знання, яких ви не розкриваєте – це могутня сила.

Перегляньте свій споживчий підхід, зберігайте контроль і знаходьте час для спілкування з вашим внутрішнім Вищим "Я" та навколишньою природою. Очистіть своє життя, приберіть все непотрібне, позбавтеся енергетично слабких предметів і спрощуйте свої звички. І коли настане ранок, ви відчуєте силу в собі. Вам більше не потрібно буде приховувати свої занепокоєння, вони просто розтануть.

На вас чекає великий розквіт, коли ви усвідомлюєте, що можете контролювати свій людський розвиток, навіть перебуваючи у скромних обставинах. Не потрібно бути зіркою, щоб досягти успіху.

Насправді, знаменитості часто показують свою вразливість, змушені виставляти себе на загальний огляд, щоб приховати свої проблеми та сумніви. Вони використовують безліч різних трюків, щоб приховати своє внутрішнє Вище "Я", яке може бути дуже тендітним.

Для початку, накресліть лінію на піску, яка буде вашим символом нового способу життя. Поставте собі за мету переступити цю лінію і почати нову сторінку. Зробіть свій тиждень священним, щоб повною мірою поринути у свою духовність. Звертайтеся до Бога і свого Вищого "Я", а також до сил природи, щоб вони допомогли вам зробити необхідні зміни у вашому житті. Практикуйте щоденну медитацію, моліться, постіть один або два дні на тиждень, і виберіть 24 години, протягом яких ви зберігатимете повну тишу.

Читайте книги, проводьте час у воді, зарядіться енергією землі, вирушайте в ліс на прогулянки вночі, щиро спілкуйтеся з духами природи, щоб заспокоїти свій дух. Скористайтеся силою вогню, щоб відчути нову хвилю надії та сміливості, і зверніться до нього для отримання прозріння у майбутнє. Дозвольте Силі Бога проникнути у ваше серце, зміцнити ваше почуття свободи та покращити ваш спокій та гармонію.

Згадайте давні часи, коли наші предки мали особливе почуття, перш ніж воно зникло у вихорі суєти, невизначеності та самообману. Це почуття властиве і вам, знайдіть свою ідентичність, навчіться відчувати ефірне поле, використовувати життєву енергію що допоможе вам відродити духовні традиції всередині себе, щоб допомогти іншим згадати свої корні.

Зробіть крок у бік альтернативної еволюції, залишаючи межі невпевненості, страху та звичайних емоцій, увійдіть у глибини своєї душі. Неважливо, бачите ви цей шлях зараз чи ні, вірте в себе та прийміть виклик. Я запевняю вас, що ця подорож вітатиме вас і відкриє багато чудових можливостей у майбутньому.

Тут на вас чекає безліч дивовижних відкриттів - незвичайні аспекти цієї фантастичної подорожі, які істинно розуміють лише декілька. Світи всередині світів, загадкові виміри духовного розвитку, приховані у собі що рухаються назад у часі. Творча енергія незвіданого світу поширюється за межами нашої свідомості, очікуючи, щоб її зібрали і втілили в життя. Будьте готові до багатьох можливостей, у тому числі до величезної вібрації вашої енергії, яка виходить з вашого усвідомлення нескінченного Вищого "Я".

У період священного тижня необхідно вжити заходів для молитовного поклоніння за себе, своїх близьких, сусідів, і всю Україну, тварин і дрібних творінь, з метою заклику Живого Духа на загальну допомогу. Запросіть сприяння у відновленні святого спокою, прихованого у кожній людині. Необхідно попросити про відкриття наших очей, щоб згодом світло, випромінюване Живим Духом, змінило наш світ, наповнило його простотою, добротою і сердечною рівновагою, з метою того, щоб кожна Українська душа була наповнена милосердям і повагою. Кожна людина має своїм скромним внеском сприяти глибшому розумінню цього дивного, але шляхетного Українського роду.

У найближчі десятиліття у зв'язку зі швидким розвитком технологій очікується зміна світової культури. Однак через сотню років можлива поява нового сприйняття, яке дозволить людям повернутися до священних шляхів давнини.

Це буде пов'язано зі зростанням інтересу до традиційних цінностей та етичних норм. В результаті можливе створення нової культури, сповненої честі, рівноваги та любові, яка стане невід'ємною частиною життя людей.

Прийміть свою внутрішню силу і сміливо прямуйте вперед до великого пробудження. Потім, як тільки ви знайдете свій шлях, пропонуйте свої знання і силу, служачи нашим братам і сестрам, але пам'ятайте, що ви повинні бути обережні, щоб не примушувати людей дотримуватися вашої волі. Найкраще вчити своїм прикладом і вести їх плавно, поступово допомагаючи їм своїм легким дотиком та мудрим словом.

ГРОШІ

Вступ

У сучасному світі ми стикаємося зі значними змінами, особливо у фінансовій сфері, де ринки стають дедалі нестабільнішими, а держава бере на себе більше контролю над фінансами своїх громадян. У такий період змін виникає потреба переглянути існуючі фінансові закони та правила.

Однак, важливо пам'ятати, що ми живемо у світі достатку, де закони грошей та еволюції життя є вічними та незмінними. Іноді в хаосі змін ми можемо забути про природний достаток, який є нашим правом від народження. Необхідно усвідомити, що нічого істотно не змінилося, і що ми все ще маємо потенціал для досягнення достатку та процвітання.

Час прийшов, щоб переосмислити наш зв'язок із грошима та розвинути більш збалансовані та справедливі підходи до фінансової системи. Наше вроджене право на достаток має бути визнане й усвідомлене кожним із нас, щоб створити більш справедливе та рівноправне суспільство.

У цьому розділі я пропоную вам основні принципи та закони достатку. Для спрощеного читання я передам вам ці концепції у більш короткому та легкозасвоюваному форматі. Ціль цих грошових правил полягає в тому, щоб допомогти вам навчитися врівноважувати ваше життя і досягати фінансового благополуччя без зайвих труднощів.

Гроші, не просто купюри та монети – вони жива енергія. Ви також є енергетичною істотою, і ваше життя є проявом цієї енергії. Ваша особистість сформована із спогадів та досвіду, але головне, що відрізняє вас від інших – ваші почуття. Ці почуття є виразом вашої духовної ідентичності, вашої душі.

Так само, як і емоції, гроші впливають на наше життя, надаючи почуття впевненості, процвітання та успіху. Деякі люди відчувають, що гроші дають їм владу та статус у суспільстві. У давнину філософи і релігійні діячі вчили, що божественний достаток приходить і відходить з нашого життя, подібно до порів року.

Бог, який любить нас і піклується про наше благополуччя, забезпечує нас усім, що нам потрібно. Гроші є символом подяки та щедрості, які ми можемо проявляти один до одного. Це засіб обміну, що дозволяє задовольнити наші потреби та підтримати інших людей у їхніх прагненнях. Бог, у своїй мудрості, надав нам можливість використовувати гроші в благих цілях, щоб поширювати добро, підтримувати тих, хто потребує, і сприяти процвітанню та справедливості у світі. Ми знаємо, як правильно керувати грішми фізично, і ці знання були нам дані Богом.

Цей розділ написаний для тих, хто готовий розкрити таємниці фінансового благополуччя. Тут немає банальних порад про те, як швидко і просто заробити гроші. Давайте краще поговоримо про вплив грошей на нашу психологію і про те, як налаштувати себе на фінансовий успіх. Я розкрию вам метафізичні закони достатку та навчу, як грати в цю гру на глибшому рівні. Однак не думайте, що це буде легким шляхом. Більшість людей ігнорують ці тонкощі та втрачають можливість досягти фінансового благополуччя.

Для того, щоб по-справжньому зрозуміти, як гроші впливають на наше життя, необхідно звернутися до своїх внутрішніх переживань та думок. Як і любов, співчуття та наші відносини з іншими людьми, наш досвід із грошима є важливим духовним уроком, який ми маємо пройти на нашому життєвому шляху.

Також, як фізична рівновага у нашому тілі, фінансове благополуччя є невід'ємною частиною нашого здоров'я та добробуту.

Гроші відіграють важливу роль у нашому житті. По-перше, вони необхідні нам для харчування та підтримки нашого тіла. По-друге, оскільки ми є частиною Живого Духа, ми повинні піклуватися про своє фізичне тіло, щоб отримувати максимальний досвід у нашій земній подорожі.

Наша свідомість формується серед уставлених стереотипів та упереджень, одним із яких є міф про те, що гроші та духовність є несумісними поняттями. Але насправді гроші можуть бути інструментом для прояву нашої внутрішньої сили та нашої духовної ідентичності. Кожен з нас може використати свою силу та таланти, щоб отримувати гроші та використовувати їх для досягнення вищих цілей, таких як допомога іншим людям або підтримка благодійних організацій. Зрештою, наша колекція спогадів і наша духовна ідентичність формуються не лише з того, що ми робимо, а й з того, як ми використовуємо свої ресурси, включаючи гроші. І пам'ятайте, що наша душа вічна і завжди ґрунтуватиметься на іскрі Божій, незалежно від того, скільки грошей у нас є.

Багатство і духовність часто сприймаються як протилежність, але це не так. Можна бути багатим і зберігати духовну глибину, а також використовувати свої ресурси для допомоги іншим і поширення блага у світі. Використовуйте свої матеріальні можливості для підтримки оточуючих, і тоді всі отримають можливість розвиватися і ставати мудрішими та цілеспрямованими.

У книзі "Книга Достатку" Джон Рендольф Прайс наводить багато прикладів з різних релігій та філософій, які стверджують, що концепція достатку та гармонії була спільною для багатьох культур. У Біблії є безліч цитат, які говорять про добробут і достаток, наприклад: "Бажаю, щоб ти був здоровий і процвітав, як твоя душа процвітає" або "Пам'ятай Господа, Бога твого, бо Він дає тобі силу досягати багатства".

Часто ми забуваємо, що саме "любов до грошей" є коренем всього зла, а не самі гроші. Адже гроші можуть бути проявом подяки, доброї волі та співчуття. Негативні емоції, пов'язані з грошима, такі як жадібність, скупість, заздрість та бажання влади, ось що насправді є джерелом зла. Гроші, у свою чергу, є лише формою енергії світла, яка не несе в собі ні добра, ні зла. Світло може освітлювати дорогу до церкви або накладати тіні в камері тортур, все залежить від того, як ми використовуємо цю енергію. Раніше церква прагнула контролювати людей, ідеї власного достатку та єдності всіх речей були вилучені зі священних писань та релігійних навчань. Але сьогодні світ змінився, і ми можемо вільно прагнути до індивідуального розвитку та незалежності, не наражаючись на феодальний контроль.

У своїх творах Прайс зазначає, що трансцендентальний рух за останні сто років відновив концепцію розмаїття, гармонії та єдності життя. Прайс також підкреслює, що ідея розширення духовних можливостей перейшла від гіпотетичного початку до ширшого визнання і в результаті була заснована на великому духовному просвітленні. Ця ідея була перенесена в наш час завдяки вчителям, як Нонна Брукс (Релігійні науки) та Ернест Холмс (Релігієзнавство).

Першопрохідники Нової Ери та Нової Думки сміливо взяли на себе місію проникнення до сучасного суспільства. Сьогодні концепції власного достатку, добробуту та духовного просвітлення не становлять небезпеки для більшості людей. Люди розуміють, що вони несуть відповідальність за власний розвиток, і усвідомлюють, що це священний акт, який дозволяє кожному розкрити свій потенціал.

Для продовження нашої еволюції люди повинні бути сміливими та усвідомлювати, що вони мають можливість контролювати своє життя. Прийняття відповідальності не завжди приємно, оскільки пов'язано з проявом істинної особистості. На даному етапі розвитку – це єдиний шлях вирішення проблем у суспільстві. Розраховувати на те, що хтось інший принесе вам щастя та покращить ваше життя, є повним абсурдом. Зрештою кожна людина має стати волонтером-помічником сама собі.

У минулому нас переконували, що індивідуальність не має значення, і нами маніпулювали, щоб ми віддали всю владу та контроль над нашим життям до рук влади, яка обіцяла дотримуватися колективного добра. Проте, багато хто почав задумуватись, наскільки ефективна така філософія обмеження прав і свобод, особливо враховуючи те, що лідери, які керують колективним благом, часто переслідують свої власні інтереси, ігноруючи потреби звичайних людей. "Громадські інтереси", як прийнято називати колективне благо, влаштовували лідерів нашого духовного, фінансового та політичного статус-кво.

Вони продавали свої маніпуляції та контроль, як ідею духовності та блага, і хто ж може заперечити проти суспільних інтересів. Ідея того, що бюрократ, який веде себе як безмозкий робот у костюмі під час своєї силової подорожі на Землі під прикриттям "сильного контролю", може вказувати, який колір пофарбувати ваші вікна, викликає недовіру у широкої публіки.

Ми були переконані, щоб досягти Бога, нам потрібен дозвіл посередників таких як духовенство. Тільки недавно ми усвідомили, що можемо спілкуватися з Богом у будь-який час і без будь-якої допомоги. Сучасні християнські церкви навчили нас розширювати межі нашого розуміння та дозволяють нам керувати своїм духовним розвитком. Однак, концепція індивідуальної відповідальності та свободи в управлінні своєю духовністю досі сприймається суспільством як радикальна ідея.

Порівняємо нашу демократію, яка теоретично має бути вільною, але на практиці ми позбавлені своїх прав. Влада накладає на нас безліч правил, які обмежують нашу свободу та контролюють кожен аспект нашого життя. Ми можемо вважати себе вільними, якщо ми нічого не прагнемо. Але як тільки ми починаємо проявляти ініціативу, система демонструє свій мафіозний характер і стає нашим безмовним партнером. Ми ризикуємо і працюємо, але в результаті, велика частина винагороди залишається владі, яка невпинно створює перешкоди на нашому шляху.

Незважаючи на те, що ми перебуваємо в епосі передових технологій, все ще не дуже популярно розвивати власні можливості. Бажання заробити гроші, стати багатим і бути господарем свого життя вважається жорстоким, егоїстичним та неприємним. Ті, хто сміють рухатися в цьому напрямку, повинні перетнути нескінченні хвилі антагоністичних думок. Вони повинні виявити мужність і зіткнутися з маніпуляторами, які кидають тінь на всіх, хто прагне вибратися з кліщів старої школи мислення.

Проте ми не здалися. Наш час настав, і правила заробітку грошей прості. Тихо і без галасу можна пробитися крізь болото безглуздя і стати вільним.

Мільйони людей, сповнених енергії, подолали перешкоди і досягли успіху, незважаючи на складності системи, в якій вони перебували. Нова ідея полягає в тому, що контроль - застаріле поняття, наше суспільство поступово змінюватиметься, коли люди побачать, що стара система просто не працює і руйнується як прогнила Кремлівська стіна.

Піонерський дух американців, який обумовлений волелюбністю і не пов'язаністю із застарілими феодальними системами, сприяє легкому прийняттю ідеї індивідуальності та Нової Думки. Американці не піддаються почуттю сорому, нанесеному системою, і вільніше прагнуть розвитку і достатку. Вони хочуть жити повноцінним життям, не підкоряючись обмежувальному інституційному контролю. Хоча вже понад сто років йде протистояння між старими силами контролю та новими ідеями звільнення, ми все ж таки прагнемо власного розвитку та достатку.

Вони висунули революційний виклик традиційним ідеям, закладаючи основи епохи Просвітництва. Хіпі, Міленіуми та рух Нового Часу зібралися разом, і тепер більшість людей мислить інакше.

Всі вони чинять опір поліції думок, борються проти тих, хто прагне позбавити нас влади та нав'язати зубожіння, контролюючи, ізолюючи та пригнічуючи альтернативні ідеї.

Джон Рендольф Прайс висловив свої міркування: "Згідно з оцінками, як мінімум 35 відсотків жителів США та Європи певною мірою захоплені езотеричною філософією або Новою Думкою. Основна ідея цього світогляду полягає в тому, що Бог є необмеженим багатством і нескінченністю проявів, що робить наше життя багатим спадком".

Ці ідеї, щось зовсім нове в історії, але вони поширилися по всьому світу, як лісова пожежа, розпочавши свій переможний похід з Америки та Європи. Концепція достатку та особистої незалежності набула нового вигляду. Свої вчення прихильники цих ідей втілили в життя, стверджуючи, що людина може повністю контролювати своє життя та достаток, якщо використовує їх розумно, духовно, бажано і насамперед природно. Це не означає, що бідність є явищем протиприродним, оскільки деякі з нас народжуються в складних умовах, де немає достатніх можливостей або освіти. Однак кожна людина може піднятися, незалежно від свого походження, адже гроші – це енергія, яку ми можемо виробити, використовуючи ентузіазм та свої вміння.

Якщо у вас виникають проблеми з керуванням грошима, не засмучуйтесь. Невдача у фінансах не є долею чи кармою, а скоріше результатом неправильно налаштованих фінансових важелів. Секрет успіху в тому, щоб усвідомити, що різниця між бродягою та мільйонером криється у майже непомітній зміні свідомості. Якщо ви хочете "піднятися", вам потрібно навчитися бути більш відкритим, вивчити закони грошей та достатку, та розмістити себе у потоці життя, щоб життєві можливості відкривалися перед вами. І пам'ятайте, що все є частиною вашого духовного шляху.

Не думайте, що всі багаті люди є великодушні, деякі з них просто вміло маневрують морем життя. Однак, щоб стати повноцінною, збагаченою, божественною істотою із заповненою сумкою спогадів та досвіду, можливо, вам потрібно буде ввести деякі зміни у своє життя.

Я пропоную розглянути десять законів достатку, а також основні принципи метафізики та рекомендації щодо можливих дій, щоб ви могли рухатися в напрямку процвітання та безпеки, які є природним продуктом нашої людської еволюції.

Так, іноді правила і норми можуть створити деякі перешкоди на шляху до успіху, але якщо у вас є знання, то подолання їх не складе великих зусиль. Я сподіваюся, що ви побачите, як у деяких випадках співчуття може бути виразом кохання. Гроші є своєрідним інструментом, за допомогою якого можна висловити багато співчуття, долаючи уявлення про себе, проявляючи любов до себе та допомагаючи іншим. Ви також будете вдячні за величезний дар, який був вам наданий, найбільший дар, який ви коли-небудь отримаєте - дар життя.

РОЗДІЛ I

Достаток

Концепція

З часів давнини багато філософів, пророків і великих духовних лідерів навчали нас про природне багатство нашої планети. Однак, різниця між усвідомленням цього достатку та його реальною наявністю є одним із найважливіших духовних уроків, які ми навчаємось у нашому житті. Необхідно навчитися контролювати свою енергію та проявляти свої думки та ідеї.

Світ, у якому ми живемо, є тривимірним і відображає нашу енергію, наші слова, почуття та думки. Не всі вміють керувати технікою прояви. Потрібен час, щоб її вивчити, але життя саме собою є великим даром.

Уявіть собі, що всі ваші думки, слова та почуття миттєво стають реальністю. Звичайно, вам було б легко створити мільйон фунтів стерлінгів за тридцять секунд на своєму столі, але при цьому щоразу, коли ви були б напружені або злякані, перед вами виникало б чудовисько, готове з'їсти ваш обід!

Ми прибуваємо у цей тривимірний світ зі своїм власним захистом. Наша енергія і думки не можуть миттєво перетворюватися на реальність, як відбувається у вищих духовних вимірах. У той же час, відсутність миттєвої матеріалізації також є захисним механізмом, що дозволяє нам освоїти мистецтво прояви і уникнути непотрібних страждань.

Достаток нашої планети видно на фруктових деревах восени і в пишноті золотистого жита. Факт, що гроші не рідкість і, що достаток є природним, також не вимагає спеціального доказу. Річард Бакмінстер Фуллер озвучив думку, що, якби багатство світу було рівномірно розподілено між усіма людьми, кожен був би мільйонером. Отже, кожна людина жила б у достатку, наш природний стан – це достаток. Але проблема полягає в наших почуттях нестачі, розпачу та безвихідності, і в нашій нездатності освоїти "ринок життя".

Часто ми самі ставимо перед собою перешкоди, заповнюючи своє мислення шкідливими ідеями та переконаннями, які доводиться долати, щоб досягти своєї мети. Я впевнений, що до кінця цієї книги ви навчитеся справлятися з цими перешкодами, і згадаєте, що життя і гроші - одна і та ж енергія, яка є у вас надміру.

Почніть день із нагадування собі, що довкола вас повно грошей. Може здатися дурницею, але ви повинні переконати себе, що у вас є всі необхідні засоби для досягнення своїх цілей.

У світі існує безліч валют, таких як фунти, долари, євро, ієни і т.д., які переповнюють економіку. І не забувайте про мільйони мільйонерів, прекрасних і милих людей, які готові вкласти гроші у ваші ідеї, продукти та послуги та допомогти вам стати успішною та багатою людиною. Нас вчили вірити в те, що гроші є дефіцитним ресурсом, і що ми маємо постійно турбуватися про своє фінансове майбутнє. Але це не правда. Ця ідея є спробою системи контролювати наші думки та тримати нас у страху. Не вірте у це. Більшість людей не розуміють, наскільки багато грошей є доступним кожному, хто хоче їх отримати.

Якщо звернутися до стародавніх священних книг, то можна помітити, що вони надихають нас надією та очікуванням добра, а також сповнені тверджень про благополуччя. Біблія, наприклад, сповнена слів Ісуса про те, як жити удостатку. Немає жодного розділу, який говорить про те, що Ісус не зміг забезпечити собі гідне життя, хоча Йосип і Марія були відносно небагатими людьми в момент його народження.

Однак, у наш час, ми часто відчуваємо страх перед владою, що змушує нас вважати гроші злом, а багатих людей нечесними та жадібними, які живуть за рахунок бідних. Незважаючи на те, що економічні сили нашої планети налаштовані на користь великих компаній та урядів, це не заважає кожному з нас отримати свою справедливу частку.

Важко зберігати добробут, якщо ви продовжуєте ставитись до грошей з недовірою та підозрою. Як тільки ви усвідомите, що гроші не є ні злом, ні гріхом, а просто нейтральним засобом обміну, які можуть служити благу суспільства і духовному просвітленню, ви можете легко зрозуміти, що ваше багатство не робить вас відокремленим від інших людей. Багато великих вчителів стверджують, що багатство має духовне значення, а ваш емоційний стан і сила думки впливають на фінансове становище.

Ви можете використовувати свої фінансові ресурси, як для комерційних цілей, так і для благодійності, які сприяють розвитку та процвітанню оточуючих вас людей, збільшуючи тим самим загальне багатство та добробут.

Як я вже згадував, в електронному вигляді щодня перераховуються значні суми коштів – трильйони фунтів-стерлінгів. Ці електронні потоки проходять через ваше тіло, аналогічно телевізійним та радіохвилям, що оточують вас прямо зараз. Маючи можливість задуматися про масштаби цього процесу, уявіть, що можна легко зупинити частину цих коштів на своїх руках, без будь-якої напруги.

Гроші не є перешкодою для з'єднання з божественною енергією. Можливо стати багатим, надзвичайно багатим, і все ж таки залишатися духовною та щедрою людиною, долученою до Сили Бога, повною співчуття до ближніх.

Метафізика

Важливо зрозуміти концепцію корпускулярно-хвильового дуалізму на ранніх етапах, щоб розуміти причини багатства чи бідності. Ця ідея буде більш детально розглянута в п'ятому розділі, але коротко вона говорить, що наш світ існує як у стані твердих частинок, так і в стані хвильових коливань. Все навколо нас існує у стані вібрації, а доки ми не звертаємо на це увагу, воно залишається у стані туманної хвилі. Але коли ми звертаємо на це увагу, туманна хвиля перетворюється на тверду частинку і з'являється у певному місці.

Ми можемо розглядати метафізику грошей як закони квантової фізики, тому що обидва ці концепти мають спільну особливість. Для того, щоб гроші стали реальністю в нашому житті, вони повинні перейти зі стану абстрактних ідей, як мрії, бажання та можливості, у конкретну форму – готівку у нашому гаманці, банківські кредити чи копійки у нашій кишені.

Коли ви переконані на найглибшому рівні свого існування, що навколо вас немає нестачі, несправедливості та дискримінації, а заробіток грошей відбувається легко і без надзвичайних зусиль, ви відчиняєте двері для багатства. Це відбувається тому, що ви покінчили зі своїми сумнівами, уподобаннями та поглядами, і перейшли зі стану невизначеності та туманних думок, що запитують "Звідки взяти гроші?", у стан реальних речей. І тепер, з готівкою в руках, ви знаєте, звідки гроші беруться.

Переосмислюючи свою непрацездатність щодо фінансів, що виходить із невизначеності туманних думок, ви відкриваєте себе до безлічі точок достатку. Ці прості, але важливі зміни у вашому мисленні відкривають двері до метафізичної реальності. Важливо пам'ятати, що всі точки достатку – точки в нашій реальності, куди гроші фізично надходять і де відбуваються фінансові транзакції – це стан твердих частинок, а не абстрактних хвиль.

Щоб процес прояви запрацював на вас, необхідно відмовитись від усіх ваших невизначених уявлень про відсутність достатку. Ви повинні зосередитися та зрівнятися з твердими символами багатства. Ви повинні вірити у ваші сили та у вашу здатність досягти бажаного. Коли ви думаєте про свої фінансові потоки, повторюйте собі: "Я знайду спосіб". Це твердження також може допомогти у вирішенні багатьох інших життєвих проблем.

Дія

Виділіть кілька днів на те, щоб зупинитися і насолодитися всім, що оточує вас і символізує достаток. Відвідайте місця, де збираються успішні люди, і вивчіть їх символи багатства, переконавшись у святості та прихильності достатку у цьому світі. Гроші можуть використовуватись і для злих цілей, однак, самі по собі вони не несуть ні позитивної, ні негативної енергії.

Для того щоб змінити своє сприйняття, необхідно прийняти ідею, що достаток є природним для кожної людини. Якщо ви дивитеся на процвітання з гнівом чи заздрістю, то ви не можете стати багатим, тому що виключаєте себе із цього списку. Тому, коли ви бачите успішну людину за кермом розкішного Роллс-Ройса і, можливо, усвідомлено чи підсвідомо говорите: "Яка жалість. Життя в таких умовах не відповідає моїм віруванням що бідність є благородною і доречною", але при цьому ви обмежуєте свій потенціал.

Для багатьох людей може бути складно прийняти екстремальні прояви багатства. Вони можуть викликати роздратування, ревнощі, заздрість та засудження. Часто ми бачимо великий, як палац, будинок і кажемо: "Ніколи не зможу собі це дозволити". Ми бачимо дорогі речі і думаємо: "Вони поза моїми можливостями".

Потрапити у стан достатку не є складним завданням, головне, щоб ви навчилися слухати своє серце. Не обов'язково мріяти одразу про проживання в президентському номері п'ятизіркового готелю, проте, але не варто відмовляти собі у можливості відчути це почуття хоча б раз. Не слід переконувати себе, що наявність достатку - щось неправильне чи негідне. Краще прийняти ідею, що багатство є нейтральним фактором, а стан достатку - природний стан людини.

З іншого боку, можна висловитися наступним чином: "Хоча я не прагну зупинитися в 'Гранд Готелі', я визнаю, що це місце відображає певний рівень комфорту та розкоші, який я міг би досягти у своєму житті. Я не бачу нічого поганого в прагненні достатку та благополуччя, і я поважаю людей, які досягли успіху у своєму житті". У такому контексті гроші не є ні поганими, ні хорошими, а лише інструментом, який може бути використаний для досягнення своїх цілей та покращення якості життя.

Слід включити до свого режиму дня практику визнання достатку. Зверніть увагу на яблуню, що має удосталь соковитих плодів, поле пшениці, що розстилається на багато гектарів, і нескінченні ряди овочів, на полицях у магазині. Не забутьте зупинитися та насолодитися теплом сонця під час його сходу щоранку. Не менш важливо згадати своє дитинство, коли на нічному небі було видно безліч зірок.

Кожна з цих ознак символізує глибокий зміст Всесвіту, який нагадує про дар життя, про те, що ви проходите свій шлях на благословенній землі, яка містить все необхідне для вас.

Вимовляйте цю фразу кілька разів на день: "Весь світ повний грошей, і більшість із них скоро ляже мені в руки." Говоріть це вголос, бо коли ви промовляєте, речі стають реальними. Не соромтеся повторювати, поки не переконаєтеся – це лише твердження, яке обов'язково збудиться.

Гроші є символом, який використовується для того, щоб зібрати спогади та досвід. Вони є інструментом взаємодії з іншими та допомагають нам розвивати честь, чесність, справедливість та співчуття. Використання грошей для свого власного розвитку допомагає нам стати добрішим до себе та оточуючим. Це показник того, що ми приймаємо та схвалюємо себе. Як можна любити світ, якщо не шануєш і не любиш себе?

Ваша подорож у житті – свого роду семінар самовдосконалення, де гроші є частиною матеріальної сторони речей. Багато людей потрапляють у пастку, думаючи, що їхня цінність як особистості залежить від матеріальних речей та балансу на банківському рахунку. Але це не так, ви вічні і заслуговуєте на достаток і добробут, навіть якщо ви зіткнулися з життєвими труднощами. Звичайно, гроші - це символ, який допомагає вам збирати спогади та набувати досвіду, а також взаємодіяти з оточуючими людьми. Тому не дозволяйте матеріальним речам визначати вашу цінність як особистості.

Цей семінар про гроші, на який ви зареєструвалися при народженні, надає безліч цінних уроків, які слід добре обміркувати. Через гроші ми вчимося бути чесними, коректними та щедрими. Вони також навчають нас правильно використовувати нашу владу: іноді ми поводимося зі своїми грошима зловмисно, щоб маніпулювати та тероризувати інших, або отримувати несправедливі переваги. Гроші можуть також показувати нам, наскільки ми приховані, і, в деяких випадках, наскільки підлими та огидними ми можемо бути.

Дзеркало грошей може розкрити безліч цікавих аспектів, якщо ми вирішимо зазирнути до нього. Ми можемо отримати цінні уроки про довіру, віру та надію з цього значного символу. В результаті ми починаємо вірити у себе і наш потенціал. Гроші мотивують нас на творчість, на пошук нових можливостей та прояв нашої енергії у проектах. Проте, гроші вимагають від нас проявлення чесності, справедливості та доброти до оточуючих.

Гроші можуть дати нам віру в щось більше, аніж просто матеріальні речі. Вони можуть допомогти нам відчути вдячність і зберігати духовність у нашому житті. Для когось гроші можуть стати рятівним колом, коли інші намагаються їх обдурити та ввести в оману, штовхаючи у темряву.

Гроші – не просто шматок паперу чи металу. Вони є вашим вірним супутником у житті, іноді грубим, але завжди відвертим. Ви повинні шанувати їх і розуміти, що гроші є необхідним інструментом для вашого розвитку та успіху. Ваші фінанси показують вам, хто ви насправді, і як ви ставитеся до навколишнього світу. Ви повинні бути вдячні за те, що гроші дають вам можливість змінити ваше життя та життя інших людей на краще. Тому будьте готові до кращого і чекайте, що ваші фінанси допоможуть вам стати найкращою версією себе.

Ви можете провести простий ритуал, який допоможе вам залучити грошову енергію у ваше життя. Візьміть семиденну свічку і розмістіть її в південно-західному кутку вашого будинку чи кімнати, а також помістіть поруч із нею якийсь священний чи енергетичний предмет. Далі напишіть лист Всесвіту, в якому попросіть повернути вам гроші за всю вашу доброту та енергію, які ви віддали іншим людям. Не соромтеся просити, тому що ви маєте право на грошову винагороду за добрі справи. Тому попросіть і дайте Всесвіту можливість відповісти на ваше прохання.

Напишіть Всесвіту наступне: "Привіт, я зробив багато добрих справ і постійно працюю над своїм розвитком. Я допомагаю іншим і виділяю на це багато енергії. Я вірю, що гроші - це енергія, і оскільки я вкладав багато своєї енергії, я хочу отримати відшкодування в грошовому еквіваленті негайно або якнайшвидше. Я впевнений у своїй здатності любити і вірити в себе та інших. Я знаю, що світ багатий, і я заслуговую на право отримати гроші."

Візьміть свічку і покладіть листа за нею. Потім щодня відвідуйте своє святе місце та у вигляді тверджень або молитви, зосередьтеся на неминучому наближенні вашого відшкодування. Продовжуйте практикувати це, доки не отримаєте виплату. Повторюйте свої твердження та замінюйте свічку за потребою. Не турбуйтеся, якщо свічка горить постійно – просто помістіть її у безпечне місце.

Чекайте на несподіваний сюрприз.

РОЗДІЛ II

Потік

Концепція

Кожна людина розуміє, що достаток проявляється у русі. Це видно щодня, що рухається у потоці життя, а що залишається нерухомим. Існує ефективний метод, який допоможе вам залишатися в русі та знаходитись на шляху до достатку.

Спочатку слід зауважити, що настрій відіграє важливу роль у житті кожної людини. Якщо ви негативно налаштовані і постійно скаржитесь на те, що у вас недостатньо грошей, то ви втрачатимете їх ще швидше. Це може викликати почуття божевілля та розчарування. Однак, не варто звинувачувати систему в цьому, тому що це просто енергія, яка приваблює те, чому ми віддаємо перевагу. Ті, хто має гроші, отримуватимуть ще більше, а ті, хто їх не має, можуть втратити те, що мають.

Одне з основних правил занурення в потік – потрібно постійно нагадувати своєму розуму про те, що у вас закладено потенціал та ресурси для досягнення успіху. Не обов'язково, що достаток - лише гроші, це може бути кохання, дружба, краса природи, приємні відчуття та емоції, та багато іншого. Багатство – це є ваш світогляд, те, як ви дивитеся на життя. Скажіть собі: "Я хочу дивитися на світ доброзичливими очима, я бажаю бачити світ очима багатої людини".

Важливо пам'ятати, що ваша підсвідомість - потужне джерело енергії, яке не знає, чи ви багаті чи ні. Як тільки ви скажете йому, що ви багаті, воно прийме це як істину. Тому ви повинні вірити в добро, потік та достаток, навіть якщо насправді у вас немає багато грошей. Це може здатися суперечливим, але якщо ви бачите свої переконання як істину, то це може допомогти вам досягти достатку, навіть якщо зараз все виглядає не дуже райдужно.

Важливо пам'ятати, що у найбіднішої людини є багато причин для вдячності, і твердження свого багатства – це прояв благополуччя та смирення, а також спосіб зберігати свою мотивацію.

Люди часто мають труднощі у здійсненні своїх планів через те, що не можуть відрізнити зусилля від страждань. Вони вигадують безліч ідей, як заробити гроші, але замість того, щоб втілити їх у життя, зациклюються на негативних емоціях і втрачають зв'язок із реальністю. Однак, якщо ви виберете ідеї, які не тільки служать вашій особистій вигоді, але й корисні іншим людям, вони володітимуть позитивною енергією та підтримкою. Коли ви почнете реалізацію свого плану на заробіток, він набиратиме обертів які принесуть вам успіх.

Ви можете помітити, як Всесвіт крок за кроком проводить вас потрібним шляхом, нагадуючи про свою присутність. Це як потік, який безперервно рухається вперед, і ви можете спостерігати за перебігом подій, що відбуваються навколо вас. Коли все йде за планом, це чудово, але не менш важливо бути готовим відступити, якщо ситуація вам не підходить.

Як я вже казав, страждання – це зусилля, пронизане негативними емоціями. Як люди, ми повинні докладати зусиль, щоб щось зробити. Якщо ваш будинок на пагорбі, і ви повертаєтеся додому з сумкою, ви спалюєте калорії, несучи сумку під гірку, у цьому випадку прикладання зусилля доречно. Але коли витрати енергії покриваються купою негативних думок і емоцій, тоді ви переходите в неприродний стан від зусиль до страждання. У цей момент ви повинні відступити і поставити собі безліч простих питань, що підкреслюють вашу безглуздість. Чи можна зробити невеликі зміни, щоб змінити ситуацію? Чи реальний ваш план? Чи достатньо грошей, щоб його реалізувати? Чи є якісь компоненти, яких у вас не вистачає? Якщо так, то де ви зможете знайти те, що потрібно? Потрібно подивитися всередину себе і зрозуміти, що можете змінити, щоб рухатися вперед. Вам потрібна наполегливість у важкі моменти, але не змушуйте себе почувати негативно, це може швидко знищити ваші мрії. Натомість, будьте уважні до знаків-путівників Всесвіту, які вас спрямовують.

Іноді потрібно пройти певний шлях, щоб зрозуміти, що він не для вас. Якщо ви помічаєте що щось не працює, не варто продовжувати наполягати на своєму рішенні. Важливо оцінити ситуацію та відповісти на кілька питань. Потрібно зрозуміти, чи правильно ви рухаєтеся, перебуваєте на вірному шляху або вас тягне вбік? Чи варто страждати через те, що ви робите, чи чого не робите? Якщо відповідь - так, необхідно розібратися, чому це відбувається.

Не варто вважати відступ поразкою, коли не все йде за планом. Найрозумніший підхід – зупинитися та почекати, поки ситуація не зміниться. Тільки дурень ігноруватиме попередження і продовжуватиме рухатися вперед, не звертаючи уваги на знаки-путівники. Коли ви зрозумієте, що необхідно зробити крок назад, то можете або повільно просуватися, уважно спостерігаючи за тим, що відбувається, і відповідно коригуючи свій шлях, або взагалі відійти вбік і переосмислити ситуацію. Важливо пам'ятати, що потрібно бути терплячим, речі зазвичай матеріалізуються повільніше, ніж ми очікуємо. Це пов'язано з тим, що можливості нашого розуму перевищують обмеження тривимірної реальності, у якій зазвичай функціонуємо.

Кожен із нас робить помилки, це нормально та неминуче. Важливо вміти вивчати уроки з них та використати досвід у майбутньому. Подумайте про кожну помилку, як про можливість дізнатися щось нове і пройти свій особистий семінар з хитрощів життя.

Головне бути не вибагливим і відкритим до нових знань, невимушеним і безтурботним, наче всі можливості перед вами вже відкриті. І пам'ятайте, що життя – нескінченний процес навчання, який щодня дарує вам новий досвід. Будьте уважні до себе та своїх помилок, але не зациклюйтесь на них, використовуйте свій досвід, щоб рухатися далі.

Хоча потік часто видається таємничим явищем, насправді він формується завдяки порядку та плануванню. Коли ви готові та здатні отримати те, що вам належить, легше досягти більших успіхів. Тож подумайте, чи готові ви? Якщо хтось з'явиться у вашому житті у потрібний момент, що ви можете запропонувати? Чи, можливо, ви гнучкий і готові швидко адаптуватися до ситуації, що змінюється? Потік – це енергія в русі. Тому ви повинні стати енергійним, гнучким та швидконогим, щоб залишатися на хвилі.

Давайте коротко обговоримо поняття ризику та винагороди. Якщо ви хочете заробляти гроші, вам необхідно ризикувати, навіть якщо це займає лише ваш час. Ключовим фактором для обґрунтованого ризику є знання. Наприклад, в азартних іграх успіх і невизначеність відіграють головну роль, тоді як в інвестуванні основна увага приділяється аналізу та усвідомленому прийняттю рішень на основі доступної інформації. Різниця полягає у знаннях та якості інформації, якою ви володієте.

Таким чином, при грі в блекджек любитель ризикує своїми грошима, покладаючись на вдачу, тоді як професійний гравець формує свої дії на знаннях та додатковій інформації. Він вміє рахувати карти та приймати обґрунтовані рішення, які змінюють випадковий характер гри. Він не грає в азартні ігри, а інвестує свої гроші запланованим та розумним чином, щоб отримати певний результат. Професійний гравець працює, подібно до круп'є та офіціанток коктейлів, не борючись, а швидше покладаючись на свої знання та здібності.

Уникнути боротьби можливо, якщо зібрати багато інформації: вивчати, спостерігати та розвивати свої життєві навички. Здібності та знання допоможуть вам вести своє життя, як професійний інвестор, а не як любитель азартних ігор. Таким чином, ви переходите від ризикованого спонтанного вибору до планування та усвідомленого власного розвитку.

У нашому житті ризик неминучий. Навіть переходити вулицю – ризик, до якого ми звикли. Проте, вміння ризикувати необхідно для успіху. Ключовим моментом є наявність достатньої кількості інформації, яка дозволить зробити ставку на ті результати, які можна вважати майже певними. Якщо ж ви не впевнені в результаті, то потрібно добре спланувати свої дії, щоб забезпечити легкий і недорогий вихід із ситуації.

Не забувайте: не варто вплутуватися в будь-що, не розуміючи, як вийти з цього. Не беріть на себе зобов'язань, якщо не впевнені у своїх діях або не маєте достатньої інформації. Переконайтеся, що у будь-яких ситуаціях, де ви зобов'язуєтесь, існує можливість виходу через задні двері, якщо, звичайно ж, ви впевнені у своїх діях у цій справі.

Метафізика

Зрозуміти метафізику потоку не складно. Ви ухвалюєте рішення, спираючись на свої почуття. Ці почуття є правдивими, і є вашим екстрасенсорним сприйняттям. Розум - ж робить висновки на основі наявних знань і намагається вгадати результат. Саме тому мільйони людей щодня помиляються, використовуючи цей інтелектуальний підхід до вгадування. Однак, ваші почуття точніші, тому що вони відображають енергетичний потік.

Отже, кожна взаємодія з іншими людьми має свою унікальну енергетику як відбиток пальця. Щоб уникнути неприємностей і залишатися в потоці, використовуйте свої почуття. Якщо ви відчуваєте, що ідея не вірна, то вона і не вірна. Не ігноруйте свої почуття, оскільки вони можуть допомогти вам прийняти правильне рішення та уникнути можливих проблем у майбутньому.

Це не означає, що щоразу, коли вас щось турбує, ви повинні відразу ж відмовлятися від угоди. Якщо ви все ще відчуваєте гармонію з вашими почуттями, незважаючи на зміну енергії, занепокоєння може бути причиною пильності. Якщо щось здається дивним, краще зупинитись, проаналізувати ситуацію та оцінити її критично. Ваше внутрішнє чуття може попередити вас про небезпеку. Щоб заробляти гроші і залишатися в потоці, потрібно уникати угод які не працюють. Таким чином, ви зможете досягти успіху та багатства, уникаючи неправильних рішень.

Довіряйте своїм почуттям, будьте уважні до своїх емоцій та розвивайте чутливість, ставлячи запитання та постійно повертайтеся до того, що ви відчуваєте. Наприклад, на діловій зустрічі, уявіть, як ваша рука тягнеться, щоб торкнутися серця одного з ділових партнерів. Потім зосередьтеся, заспокійте свій розум і запитайте: "Як ця людина почувається?" - неприємна, зарозуміла, зла, жадібна, схвильована, хитра, надійна, закохана, добродушна чи ще якась? Перше відчуття, яке у вас виникне, буде правильним.

Слід практикувати лакмусовий тест, звертаючись до своїх почуттів багаторазово протягом дня. Коливання енергії потребує усвідомленості, особливо у контакті з оточуючими. Що відчуває людина чи ситуація зараз? Як це відрізняється від того, що я відчував минулого разу, коли я проводив перевірку? Чи є можливість зміни угоди чи ситуації, що обговорюється? Які плюси та мінуси? Чи є баланс між ними, чи мінусів занадто багато? Чи варто ризикувати? Після чого необхідно поставити собі питання: "Як я почуваюся?" Чи відчуваєте себе задоволено, зручно і плавно рухаючись вперед, або щось турбує вас?

Бути в потоці означає бути на одній хвилі зі своїми почуттями. Недостатня самосвідомість та обмеженість інформацією можуть призвести до боротьби. Необхідно вміти відступити, коли енергія зміщується в іншому напрямку. Будьте уважні, поінформовані, гнучкі та продовжуйте рухатися вперед. Ніколи не погоджуйтесь на те, від чого не можете відмовитися. Дотримуючись цих принципів, ви знайдете гармонію і синхронізацію з навколишнім світом, відкриваючи для себе нескінченні можливості розвитку та успіху, перебуваючи в потоці.

Дія

Ключовим елементом для досягнення потоку є наявність усвідомленості та впевненості у русі вперед до своєї мети. Кожен новий день надає можливість зробити кроки в напрямку своєї мрії і поліпшити свою ситуацію. Це вимагає усвідомленості та рішучості. Іноді це можуть бути прості вчинки, які дадуть більше стабільності або порядку у ваше життя, наприклад, приділіть час сортування своїх паперів. Навіть такий маленький крок уже є позитивною зміною.

Можливості рідко приходять до вас самостійно, зазвичай, вам потрібно зробити крок вперед і самому їх знайти. Розвивайте свою здатність залишатися в потоці, не бійтеся виходити із зони комфорту, відвідуйте бізнесові заходи, налагоджуйте нові зв'язки та спілкуйтеся з людьми. Таким чином, ви можете відкрити кран потоку та наповнювати себе енергією щодня. Тоді Всесвіт може використовувати свої закони, щоб привести до вас ще більше можливостей.

Щоб досягти своєї мети, потрібно діяти не тільки фізично, але й очистити свій внутрішній світ, спрямовуючи любов і світло вперед. Наприклад, якщо на вашому шляху зустрічається людина, яку ви вважаєте своїм антагоністом, скажімо, ваш начальник, починайте щоранку з медитації в тиші, уявляючи його перед собою. Наближайте його до себе, поки ви не опинитеся майже лицем до лиця. Потім глибоко вдихніть його і зробіть видих у його серце. Незалежно від того, наскільки вороже ви ставитеся до цієї людини, надішліть їй світло і любов, зробивши це цілих одинадцять разів. Ви побачите, що він почне змінюватись.

Якщо деякі люди стоять на вашому шляху, не варто бажати їм зла. Застосуйте наступний метод: після одинадцятого вдиху візуалізуйте їх дуже маленькими на долоні. Подивіться на них зверху, поки вони стоять на вашій руці заввишки близько двох сантиметрів. Потім приблизіть руку до рота і зробіть короткий, різкий видих на них. Буквально, здуйте їх зі своєї долоні і скажіть: "Я відпускаю вас з любов'ю і світлом, щоб ви мирно йшли до вашого найвищого блага. Просто йдіть своєю дорогою!"

Припустимо, ви готуєтеся до важливої зустрічі сьогодні і вже знайомі з місцем, де вона відбудеться, або вже побували там раніше. У такому разі, спробуйте уявити це місце у своїй уяві та "вдихнути" його. А якщо ви не знайомі з місцем або не маєте достатньо інформації про нього, то можете уявити зустріч у цілому. Зробіть одинадцять вдихів і на кожному видиханні посилайте любов і світло на це місце. Не забутьте також попередити свій розум про час зустрічі, сказавши: "Я спрямовую цю енергію любові і світла в місце «таке-то», щоб вона використовувалася протягом першої і другої години дня або в будь-який інший час".

Один із ключових принципів успіху - гармонія внутрішньої та зовнішньої сили. Ваша внутрішня сила створює перед вами позитивну енергію, яка допомагає уникнути неприємностей, залучає гроші та позбавляється токсичних людей у вашому житті та допомагає зосередитися на своїх цілях.

РОЗДІЛ III

Гроші та Відстань

Концепція

Для досягнення фінансового благополуччя корисно перебувати в оточенні можливостей, пов'язаних із грошима. Відносини до грошей можна порівняти із стосунками кохання чи ненависті. Трапляються випадки, коли шлюбні чи міжособистісні стосунки здаються близькими на поверхні, але фактично віддаляються на емоційному рівні. Можливо, один із партнерів відштовхує іншого або вони обидва відштовхують один одного, оскільки відчувають незрозуміле невдоволення.

Необхідно оцінити, наскільки далеко ви знаходитесь від грошей і чи приваблюєте їх до себе, а можливо навіть відштовхуєте. Чим ближче ви до грошей, тим більша можливість отримати їх у великій кількості. Існує концепція закону дистанції, важливі фактори якого слід враховувати у фінансовій сфері. Він складається з трьох основних категорій: емоційної, інтелектуальної та фізичної дистанції.

Почнемо з емоційної дистанції. Якщо ви підсвідомо налаштовуєте себе на відстань від грошей протягом багатьох років, ваш енергетичний захист перетворюється на щось схоже на шкіру носорога. Вона обмежує ваш вплив і пригнічує вашу здатність до притягання багатства. Але це не тільки захист, це бар'єр, який позбавляє вас сил та можливості розкрити свій потенціал. Щоб подолати цю дистанцію, вам потрібно відкинути всі страхи і подолати свої сумніви, відкривши нові можливості і приймаючи у своє життя світ багатства. Незвичайним чином це зміцнюється у вас роками і намагається перешкоджати вам отримання грошей. Його формування пов'язане з різними почуттями, які ви відчуваєте по відношенню до грошей, але, головним чином, це підтримується тим, як ви оцінюєте себе.

Читайте більш детальне пояснення цієї теми, яке я представлю пізніше під час обговорення взаємозв'язку між грошима та любов'ю в Розділі Десять. Однак одним із прикладів є негативне ставлення до себе. Якщо ви не поважаєте та не цінуєте себе, то іншим людям важко побачити та оцінити вас справжнім чином, що може призвести до постійної недооцінки. Наприклад, якщо ви завжди вважали себе непопулярним або соціально неприйнятим, ви можете виключити себе зі списку успішних людей. Ви можете помітити, що завжди відстаєте у фінансових справах, тому що ви не маєте необхідної енергії. Але якщо ви не включаєте себе у списки успішних людей, це може стати перешкодою для досягнення ваших цілей.

Можливо, ви досі націлені на досягнення своєї мети, намагаючись укласти угоду, але не отримуєте бажаного результату. Таким чином, ви позитивно відноситись до своїх зусиль і думаєте: "Я дуже старався". Але в глибині душі ваша внутрішня програма саботажу активізувалася, і розум фальшиво схвалює вас, кажучи: "Я дуже старався, тому я правий і розумний, просто трохи промахнувся. Яка невдача! Це не моя вина". Ви вважаєте себе гідним борцем, до якого невдача прийшла не з його вини.

Аналогічно, якщо ви не почуваєтеся гідним, або якщо ваші рідні наклали на вас токсичний сором у дитинстві чи юності, то ваша самооцінка буде вкрай низькою та непродуктивною. Ви боротиметеся з усвідомленням своєї цінності та любові до себе, а також схильні «продавати» себе занадто дешево на ринку життя. Незалежно від того, наскільки ви чесні самі з собою, ви стаєте жертвою, ображеними та зганьбленими. Це все повертається до вашої сором'язливої натури. Іноді це відбувається непомітно, тому що сором, як маленька гнила істота, яка намагається з'їсти ваші канапки, коли ви цього найменше очікуєте.

Сором'язливі люди, які страждають від низької самооцінки, часто шукають схвалення інших, не приділяючи уваги своїм досягненням та заслугам. Не важливо, наскільки вони щедрі та добрі, вони ніколи не відчують себе по-справжньому цінними, поки не позбавляться своїх комплексів. Якщо сором є вашою проблемою, я рекомендую прочитати книгу Джона Бредшоу «Позбутися токсичного сорому» (Health Communications, 1988). Це приголомшливий посібник допоможе вам впоратися з проблемами, пов'язаними з токсичним соромом. Лікування сорому та любов до себе – ще одна важлива тема, на яку ви повинні звернути увагу в житті. Щоб подолати ці складності, потрібно навчитися приймати себе такими, якими ви є, і здобути впевненість у своїх силах.

Для деяких людей слова легше вимовляти, ніж втілювати їх у життя, але, зрештою, потрібно відпустити сором і перестати боротися з ним. Необхідно навчитися керувати своїми думками і прийняти себе таким, яким ви є, з усвідомленням того, що в кожному з нас живе іскра Божої любові та співчуття. Коли ви перебуваєте в гармонії з цими якостями, ви можете прощати себе і далі рухатися вперед, минаючи сором. Зрештою, це може бути не так складно, як здається.

До речі, важливо мати силу прощати інших за їхню провину, тому що, якщо ви чіплятимете за антагонізм, ви ніколи не зможете пробачити себе. Події, що сталися вже історія, їх не можна змінити. Сьогодні ви пишете нову історію - щаслива розповідь про те, як ви справляєтеся, любите і приймаєте себе. Якщо ви хочете навчитися відмовлятися від своїх слабкостей, зверніть увагу на свою книгу "Відмовитися від своїх слабкостей", написану серед зірок. Я впевнений, що вона стане дуже популярною у вашому житті!

Перестаньте ховатися і почніть виявляти впевненість у собі, незалежно від обставин, інакше вам доведеться мати справу з цим нав'язливим звіром, який кусатиме вас за ногу і поглинатиме ваші гроші. Не треба принижувати себе, щоб здобути визнання оточуючих. Пам'ятайте, що гроші не є дефіцитом у цьому світі, і справедливо та розумно стягувати оплату за свою енергію та час. Це один із способів поваги до себе.

Має сенс підвищувати цінність своєї праці, але не варто захоплюватися та встановлювати надмірні розцінки. Спочатку спробуйте невелике підвищення цін на десять–п'ятнадцять відсотків та вкладайте у свою роботу на двадцять–тридцять відсотків більше енергії та ентузіазму. Через деякий час, коли ви відчуєте, що досягли певних результатів, можна знову оголосити про підвищення цін. Важливо враховувати реакцію оточуючих і не перевищувати розумні межі, щоб не зашкодити своїй репутації. Пам'ятайте, що підвищення цінності своєї праці починається з підвищення самооцінки та впевненості у власних силах.

Позбавтеся негативної самооцінки і почніть приділяти більше уваги своїм потребам, щоб наблизитися до грошей. Не забувайте, що ви заслуговуєте грошей і тому повинні об'єднати своє життя і свої фінанси у своїх переконаннях. Важливо повірити в себе і впевнено просити те, що вам належить, не допускаючи, щоб інші послаблювали вашу самооцінку і не дозволяйте сорому кусати вас. Не соромтеся вимагати того, чого заслуговуєте, і не дозволяйте собі бути недооціненими.

Багато людей вважають, що просити гроші неправильно чи неетично. У той же час багато хто визнає, що гроші необхідні, але вони не наважаться просити. Це дивовижно! Суспільство створило стереотип, що багатство – щось погане, і що просити гроші – ознака слабкості. Однак гроші – щось таке ж необхідне, як повітря, яким ви дихаєте. Ви не можете прожити без грошей, так само як ви не можете жити без повітря. Вам не потрібно вибачатися за те, що ви заробляєте гроші та просите їх за свою роботу чи послуги. Без грошей ви не можете досягти фінансової стабільності та незалежності, а це, у свою чергу, дасть вам свободу та можливість жити так, як ви хочете.

Якщо ви зіткнулися із проблемою ставити питання, то є одне рішення – практикуватися. Почніть з тренування дивлячись у дзеркало. Візуалізуйте своїх клієнтів, начальника або будь-кого іншого, хто може поставити вам запитання. Уявіть, що вони запитують вас: "Скільки я маю вам заплатити?". Спостерігайте за своїм відображенням у дзеркалі, зауважте, як ви посміхаєтеся, роблячи паузу, щоб розглянути свою ціну вдвічі вище, і потім чуєте себе, коли ви впевнено кажете: «П'ять тисяч фунтів, будь ласка». Подивіться на свою руку, яка готова прийняти вашу самовпевненість у вигляді коштів.

Розуміючи, що ви можете відчувати емоційну відчуженість від грошей через свої колишні дії, які могли заважати вам отримувати гроші та віддаляли можливості від вас. Ви встановили між собою та грошима бар'єри, щоб подолати їх, ви можете просто переключити свій розум і почати діяти відповідно до реалій життя.

Щоб досягти достатку, важливо включитись у суспільне життя. Ходіть на вечірки, відвідуйте клуби, заходьте до церкви та спілкуйтеся з людьми, зробивши це своєю звичкою. Пам'ятайте, що знання – це сила, і чим більше ви знаєте, тим більша ймовірність, що ви зможете заробити більше грошей. Люди є зберігачами багатства на планеті, і знання багатьох може бути майже так само цінним, як гроші в банку.

Якщо ви відчуваєте, що гроші і ви знаходитесь на емоційній відстані один від одного, спробуйте з'ясувати, які почуття викликають гроші. Запишіть їх і спробуйте розібратися, чому вони виникли. Потім усвідомте, що вам потрібно просто змінити своє ставлення до грошей, щоб наблизитись до них.

Спробуйте розібратися, як ви створили захисний бар'єр від грошей, що оточує вас. Можливо, у цьому є відчуття сорому, але, швидше за все, це пригнічений гнів. Відкритися цим почуттям, значить навчитися управляти ними. Спробуйте їх усвідомити та прийняти. Якщо ви відчуваєте агресію, не соромтеся висловити її. Бийте подушки кулаками, кричіть, візуалізуйте свій гнів. Кажіть собі: "Я злюся, тому що мені платять менше, ніж я насправді заслуговую".

Позбутися негативних емоцій – перший крок до покращення своєї фінансової ситуації. Якщо ви відчуваєте злість і розчарування через низьку зарплату, то перш ніж шукати шляхи підвищення ціни на свої послуги, необхідно звільнитися від негативної енергії. Люди, з якими ви працюєте, відчувають ваш настрій, і, якщо ви почуваєтеся негативно, вони можуть почати ставитися до вас несхвально. Не давайте їм такої нагоди! З'ясуйте, що викликає у вас ці емоції та навчіться керувати ними, щоб вони не заважали вам у роботі. В результаті ваше ставлення до грошей зміниться і ви почнете притягувати їх більше.

Запишіть все, що вас турбує щодо грошей на аркуші паперу. Якщо хтось заважає вам отримати гроші, додайте його до списку. Будьте чесні з собою, тому що обманювати себе та ховатися від себе – це частково те, як ви створили дистанцію.

Часом правда може здатися неприємною та незручною, але в довгостроковій перспективі вона завжди краща, ніж брехня, яка може призвести до розчарування, гніву та страждань. Постійна брехня або висловлювання безглуздих речей може призвести до відсутності усвідомлення, що може мати негативні наслідки у майбутньому. Наприклад, якщо ви переконуєте себе, що працюєте старанно, хоча насправді уникаєте труднощів, то ви можете виявити, що не досягаєте поставленої мети і відчуваєте розчарування. Якщо ви створюєте зайву напруженість і метушню, яка не приносить жодних результатів, то саботуєте свій потенційний дохід і можете помітити, що не прогресуєте у своїй кар'єрі.

Після того, як ви станете відверті з собою, ви зможете ввести корективи. Однак, якщо ви продовжуєте обманювати, переконуючи себе в тому, що ви є експертом у своїй галузі, тоді як ваша продуктивність низька і якість роботи залишає бажати кращого, це заважає вам зрозуміти істину і насправді щось змінити. Зазвичай ви виправдовуєте свої невдачі зовнішніми факторами, удачею чи іншими обставинами. Щодня ви бачите, як багато людей не вміють виконувати свою роботу на належному рівні. Важливо, що хоча б ці прояви недбалості, лінощів і пасивності котрі необов'язково відносяться до вас особисто, з яких ми всі можемо черпати уроки, спостерігаючи за іншими і тим самим прагнути до досконалості.

З іншого боку, можливо, ви встановили емоційну відстань між собою та грошима, тому що ви ставите обмеження на те, що готові віддавати. Ви можете виснажувати себе, дотримуючись обмежень, які ви встановили, і одночасно чекати, що численні винагороди будуть надходити до вас легко і без особливих зусиль. Але це не так. Ви повинні бути готовими служити та віддавати. Це може містити не тільки фінансову підтримку, особливо якщо у вас обмежені ресурси. Але ви повинні діяти щиро і бути щедрими, доброзичливими та відкритими емоційно, а не заздрісними, скупими та замкнутими.

Не можна чекати, що Всесвіт неодмінно збільшить ваш прибуток удесятеро, якщо ви тримаєте своє серце закритим і не намагаєтеся покращувати свої навички. Це досить легко зрозуміти. Якщо ваше серце велике та щедре, то вам прийдуть великі гроші. Якщо ж серце маленьке, то ви отримаєте мало грошей, а також упустите безліч можливостей, зіткнетеся з шахраями, невдачами і угодами, що проваляться. Це проста формула, зрозуміти її може кожен.

Таким чином, скорочення емоційної дистанції передбачає розкриття свого серця, подолання внутрішнього опору, прийняття виклику его та включення себе у життєвий процес. Важливо бути присутнім у реальному світі, усвідомлювати та вирішувати поточні питання, а не ухилятися від них. Перехід до щасливого життя потребує деяких якостей, таких як чесність, готовність допомогти, відкритість та безкорисливість. Але в той же час необхідно знаходити баланс між собою та потребами оточуючих, зберігаючи при цьому рішучість у своїх вчинках. Необхідно прагнути бути доброзичливим та щирим, готовим допомогти іншим, але не відкривати себе надто багато. Ви можете зміцнювати свою самооцінку та одночасно допомагати оточуючим. Це невід'ємна частина вашого життєвого досвіду, яка допомагає вам долати межі та розширювати свій кругозір. Чим більше відкритим ви стаєте, тим більше можливостей відкривається перед вами.

Багато людей відчувають невдоволення щодо грошей, оскільки вважають, що життя обійшло їх несправедливо. Вони переконані, що працювали завзято, але не отримали того, на що заслуговують, або що їм платять недостатньо за їхні здібності в порівнянні з людьми, які не такі талановиті. Проте ігнорування цих негативних емоцій лише збільшує прірву між вами та грошима.

Значна кількість людей відчувають емоційну дистанцію щодо грошей через думку, що хтось зобов'язаний їм давати гроші або їм бракує грошей через несправедливість світу. Але насправді світ не зобов'язаний вам нічого, ви самі повинні заробляти і піклуватися про себе. Саме це допоможе вам подолати відстань між вами та грошима. Замість того, щоб звинувачувати інших або проектувати свої емоції на інших людей, необхідно контролювати свої почуття та зосередитись на власному розвитку та досягненні фінансової незалежності.

Часто ми відчуваємо інтелектуальну дистанцію між нами та грошима через брак знань чи розуміння. Можливо, ми не до кінця розуміємо, що нам потрібно досягти, чи не знайомі з умовами на ринку, такими як коливання цін.

Мене вражає, наскільки часто люди зважуються на угоди, не маючи належної інформації про своїх партнерів або не маючи достатніх знань, щоб контролювати процес. Або вони довірливо приймають на слово надану їм інформацію, не впевнившись у її правдивості. Я вважаю такий підхід нерозумним.

Іншим важливим моментом є те, що все більше людей ніколи не намагаються по-справжньому вивчити свою роботу чи професію. Знання - це сила. Чим більше у вас знань, досвіду та зв'язків в інстанціях, тим легше вам буде отримувати свій прибуток.

Наприклад, уявіть, що ви є продавцем товарів і спеціалізуєтесь на свинячих шлунках. У цьому випадку ви вступаєте в гру у всесвітньому казино, яке робить ставки на коливання цін на свинячі шлунки. Вам необхідно бути в курсі останніх подій, що відбуваються у свинарниках, встановити контакти з керівництвом свинарства та вміти отримувати інформацію швидко та ефективно. Конкурувати з казино, яке має більш розвинену інформаційну базу та більший фінансовий потенціал, може бути складно. Тому необхідно мати всі доступні знання і ресурси для того, щоб бути успішним у цій грі.

Для виживання на ринку збуту потрібно безліч навичок та великий досвід. Плани багатьох людей провалюються, намагаючись конкурувати із професіоналами. Хоча іноді у вас може бути успіх, і ви зможете перемогти, але в результаті шанси на успіх складаються проти вас, якщо у вас немає того, що є в інших. Багато хто радить, що єдиний спосіб заробити на ринку – почати з великим капіталом. Фактично це лише план, щоб розвести вас на гроші.

Перед тим, як ви маєте намір увійти на ринок, необхідно проаналізувати свої знання про нього. Чи зможете ви змагатися з професіоналами чи ви далекі від їхнього рівня? Набуття досвіду та знань допоможе вам досягти поставлених цілей та збільшити прибуток. Крім цього, необхідно подолати психологічні бар'єри та готуватися до битви на ринку, щоб стати успішним. Важливо ставити собі питання про те, наскільки інформовані ви у тій чи іншій сфері та діяти відповідно до цих знань.

До речі, варто згадати ще один фактор, який може створити розрив між вами та фінансовим благополуччям. Багато людей страждають від грошового снобізму: вони вважають, що гроші - щось, що лежить у них під ногами, що використання готівки неелегантно і не відповідає їх статусу. Усередині вони себе почувають елітарними і прагнуть піднестися над іншими людьми, ставлячись з презирством до звичайних речей, таких як заробляння на життя та використання готівки.

Іноді люди проявляють елітарність, що ґрунтується на соціально-класових відмінностях. Вони почуваються занадто зарозумілими, щоб мати справу з реальністю, включаючи гроші. Не слід дозволяти собі стати вибагливим щодо грошей, якщо, звичайно, ви не отримали величезну спадщину у мільйонах. Для інших людей гроші є невід'ємною частиною життя, а вміння керувати ними – відповідальністю та необхідністю.

Якщо ви прагнете досягнення успіху і гармонії в житті, то існує один простий і приємний спосіб - зареєструватися на семінар життя і опанувати всі необхідні знання і навички швидко і правильно. Цей найкоротший шлях приведе вас до бажаного результату без зайвого стресу та клопоту.

Фізична відстань у різних сферах діяльності може відігравати важливу роль. Деякі галузі промисловості зосереджені в конкретних місцях, тому, якщо ви далеко від них, вам слід розглянути можливість скорочення дистанції. Наприклад, якщо ви мрієте про кар'єру в кіноіндустрії, вам краще перебувати у Нью-Йорку, Лос-Анджелесі чи Лондоні, де зосереджені основні кінокомпанії. В іншому випадку, якщо ви знаходитесь в Брайтоні, то буде важко розпочати кар'єру в кіноіндустрії.

Щоб подолати фізичну дистанцію, необхідно впровадити себе в життя, створити унікальний образ, що запам'ятовується для оточуючих, продемонструвати свій досвід і увійти до кола діючих осіб. Таким чином, можна знайти людей, готових надати вам чудові можливості, будь то договір на роботу або укладання контракту. Ці люди не шукають талантів у далеких степах, вони живуть у потоці життя, яке створюють.

Вам слід подолати свої особисті бар'єри, такі як опір, сором'язливість чи помірність, і вступити на ринок життя.

Метафізика

У метафізичному розумінні відстані – це зв'язок із тонким біоелектричним енергетичним полем, або ефіром, що оточує кожного з нас. Ефірне поле є своєрідною картою наших емоцій. Коли ми далекі від грошей емоційно, інтелектуально чи фізично, наша тонка енергія прямує у бік кількох можливих джерел фінансів. Ми стаємо залежними від інших людей, молимося на появу можливостей, сподіваємося, що життя подарує нам шматочок достатку, або чекаємо на диво, щоб сплатити рахунки. Наша тонка енергія стає розсіяною, тому що ми відмовляємося від своєї власної сили, і натомість покладаємося на те, що сприймаємо як рятувальний човен.

Коли ви впевнені у собі, коли ви активні та постійно працюєте над саморозвитком, ваше енергетичне поле стає стабільним та міцним. Воно не напружене і не прагне відібрати у вас життєві сили. Воно стоїть прямо і каже: "Я вдосконалююсь, накопичую знання, розмірковую про свої почуття, підвищую свою продуктивність. Я вступив на арену життя і перебуваю в гармонії з самим собою. Я знаю, як управляти фінансами, я усвідомлюю, що в мене є чудові можливості. Мені не треба нав'язувати себе іншим людям. Я можу чекати, спостерігати і вибирати свій момент".

У метафізичному контексті відстань обмежує вашу здатність здійснити ваші бажання, оскільки, спираючись на неї, ви відштовхуватимете їх. Стійте прямо, займайтеся самовихованням, коронуйте себе королем або королевою і займайтеся практичними справами, які допомагають і підтримують вас.

Дія

Це досить проста практика, знайдіть час для медитації та зверніть увагу на різницю між інтелектуальним сприйняттям грошей та глибокими внутрішніми почуттями. Існує категорія людей, які завжди прагнуть більшого у житті. Вони говорять про своє бажання досягти ще більшого багатства, але важливо запитати себе: чи відповідають ці слова тому, що ви дійсно відчуваєте в собі. Зменшення емоційної дистанції – питання рішучості та аналізу ваших глибоких внутрішніх переконань щодо грошей. Це те, як ви емоційно долаєте недолік і перепливаєте на материк, де активний ринок та грошові потоки течуть рікою.

Скористайтеся вільною хвилиною, щоб скласти список своїх емоцій та ставлення до достатку. Подумайте про дії, які можуть відштовхувати вас від досягнення фінансового благополуччя. Спробуйте чітко сформулювати свої основні переконання. Хто ви насправді? Що зробило б вас по-справжньому щасливими? Які цілі є реальними, можливими та приємними, а які просто виходять із егоїстичних заворушень його? Заглибтеся в підсвідомість і дозвольте собі замислитися: роздуми можуть бути ліками. Визначення того, чого ви насправді бажаєте, допоможе уникнути нескінченної плутанини та безплідної витрати енергії.

Повірте своїм почуттям, щоб розрізнити ефемерні егоїстичні прагнення від ваших глибоко закладених бажань та потреб. Це допоможе вам подолати перепони та ідентифікувати можливі протиріччя, які можуть виникнути.

Наприклад, є безліч людей, які мріють стати мільйонерами. Однак, на підсвідомому рівні вони усвідомлюють, що досягнення фінансового благополуччя потребує значних зусиль та супроводжується високим рівнем стресу. Отже, інтелектуально вони прагнуть мільйонів, але їхня внутрішня правда має інший відтінок. Вище "Я", по суті, захищає їх від того, що здається привабливим для его, але насправді може стати джерелом страшного сну.

Шляхом уважного розгляду розриву між вами та грошима ви можете отримати важливі уроки. Можливо, вам просто необхідно трохи більше грошей та почуття безпеки. Зараз це може здатися дивним, але безпеку не можна досягти лише заробляючи гроші.

Заробіток грошей має на увазі активність, а будь-яка активність витрачає енергію. У результаті, виснажена енергія робить нас невпевненими. Таким чином, низька енергія породжує страх, а висока енергія забезпечує безпеку.

Єдиний шлях підвищення безпеки полягає в самовдосконаленні. Наша незахищеність виходить зі страху перед ослабленням ситуації, життя, бізнесу чи чогось ще. Якщо ви шукаєте додаткову безпеку, працюйте над своїм тілом, проявляйте доброту до себе, відпочивайте, проводьте час на природі та насолоджуйтесь моментами радості. Незалежно від того, скільки грошей у вас є, вони не можуть гарантувати повну безпеку у вашому житті. Зрозуміло, ви можете поєднувати свою роботу з турботою про себе, але для цього потрібно зусилля та робота над собою.

Мене вражає Діпак Чопра, відомий автор і лектор, мандруючи по всьому світу, він вміє зберігати баланс, знаходячи час для тренувань, незалежно від місця перебування, і дотримується здорового харчування. Його секрет полягає в тому, що кожні три місяці він виділяє п'ять вихідних днів, щоб провести їх на самоті. Він вирушає у відокремлене місце і занурюється у тишу без телефонів, без людей, лише він сам і спокій. Це справді мудра ідея. Таким чином він відновлює свою енергію, відокремлюючись від усього, а потім знову готовий до праці протягом наступних трьох місяців.

Поміркуйте над тим, ким ви дійсно є. Перейміться тим, які мотиви і прагнення дійсно притаманні вам, і відокреме їх від впливу інтелекту та его. Можливо, вам не потрібно прагнути постійної напруги, високої активності та величезної відповідальності. Можливо, все, чого вам по-справжньому необхідно - позитивне і безтурботне життя, наповнене творчістю, що надихає, безліччю вірних друзів і океаном різноманітних розваг і ігор. В заключному підсумку вам необхідно звертати увагу як на ваше внутрішнє духовне Вище "Я", так і на задоволення численних потреб вашого зовнішнього "я" - его. Це питання балансу, яке, подібно до всього в житті, вимагає вміння знаходити гармонію та рівновагу.

Якщо ви звернете увагу на свій внутрішній стан і виявите, що досягнення фінансового достатку - ваше особисте прагнення, але виникає занепокоєння через можливу суперечність усередині вас, не падайте в розпач. Змінити свою підсвідомість просто та легко. Вам лише потрібно прийняти рішення про зміну. Перепрограмування підсвідомості є цілком доступним завданням, просто почніть вести діалог із собою, вимовляючи нові твердження, які відображають те, що ви хочете змінити.

Можливо, вам знадобиться вести внутрішній діалог протягом декількох днів або навіть тижнів, але ухвалити рішення змінити свій світогляд досить просто. Ви виявите, що шляхом активного заповнення прогалин у нашому житті ми створюємо умови для достатку. Ця ідея отримує натхнення, сповнює ваше життя надією і зміцнює вашу рішучість прагнути кращого майбутнього. Далі в цій книзі я детальніше розповім, як ефективно вести розмову із собою.

Звичайно, не тільки емоційна, інтелектуальна та фізична дистанція між вами та грошима є проблемою. Основне питання полягає у невідповідності між тим, що ви думаєте, чого хочете, і тим, що ви дійсно бажаєте у глибині свого серця. Коли ви досягаєте істини, проникаючи глибоко в себе, ви повертаєтеся до свого духовного дому, Вищого "Я". Ви повертаєтеся до витоку, де перебуває ваша божественність, суть життя, що пов'язує вас з Живим Духом.

Там ви знайдете істину і осягнете сенс свого існування. Ви усвідомлюєте, що у вас є призначення і що саме ви хочете запропонувати цьому світу протягом свого життя. У цих найглибших і найпотаємніших куточках ви виявите зв'язок із Всесвітом, який ми називаємо Богом. З цієї взаємодії народжується відчуття безсмертя, а з нього почуття безпеки.

На шляху до досягнення ваших цілей, не забувайте приділяти увагу фінансовим аспектам та збільшення обороту готівки. Ось що ви можете зробити: візьміть свою чекову книжку та випишіть собі щедрий чек із яскравою датою у майбутньому. Потім закріпіть його на вашому холодильнику або дошці нагадування, щоб час від часу звертатися до нього та візуалізувати свої фінансові цілі.

РОЗДІЛ IV

Попит і Пропозиція

Концепція

Гроші відіграють значну роль у нашому житті, оскільки вони символізують наше прагнення осмислення і подолання хитромудрого шляху життя. Важливо розуміти, що управління фінансовими ресурсами не залежить від володіння великим багатством. Комерційний закон попиту та пропозиції стверджує, що при підвищеному попиті ціни зростають, а при надлишку пропозиції та нестачі попиту ціни знижуються. Однак, існують і інші закони попиту та пропозиції, що виходять за межі традиційних уявлень.

Для досягнення фінансового успіху необхідно надавати свою унікальну енергію у різних формах, задовольняючи існуючий попит. Якщо ви пропонуєте енергію, харизму та ентузіазм, то ви не стикаєтеся з прямою конкуренцією, оскільки більшість продає лише позбавлені життя та пристрасті предмети. Ваша здатність продавати енергію, сповнену любові та інтересу, виділяє вас з натовпу і приваблює клієнтів, перевершуючи конкурентів.

Те, що ви пропонуєте, будь то послуги, творчі твори або ще щось, завжди буде мати особливий і привабливий характер. Чому? Тому що ви наповнюєте це своєю унікальною енергією, божественною силою, любов'ю та турботою. Ця енергія оживляє та надихає людей. Вона несе в собі ту частину вас, яку ви щедро віддаєте, яка святкує життя, сяє радістю та невимушеністю, і яка глибоко шанує людство.

Ваш продукт може бути простим садовим стільцем, але він випромінюватиме світло і любов. Він буде такий привабливий, що можна поставити його на чолі столу, і ніхто не здивується, тому що ваш стілець є джерелом світла. Продаж енергії – легке завдання, адже її всі купують. Вона допомагає людям відчути себе особливими та захищеними, приносить їм радість від того, що є хтось, хто піклується про них.

Коли ви почнете наповнювати своє життя, послуги та товари власною неповторною енергією, ви усвідомлюєте, що закон попиту та пропозиції перестає впливати на вас, і ви виходите за межі конкуренції. Закон попиту та пропозиції стосується лише поверхового світу, який ми спостерігаємо навколо нас, світу Тік-Ток. Однак, коли ви опануєте мистецтво спрямовувати енергію на справи, які приносять прибуток, цей закон втрачає свою силу і перестає впливати на вас.

Для того, щоб повністю усвідомити цю концепцію, необхідно зрушити фокус свого его у своєму розумі. Важливо перестати концентруватися виключно на собі, задаючи питання на кшталт: "Чого я хочу? Хто може задовольнити мої потреби та бажання? Хто може дати мені те, що я хочу?". Натомість слід змістити свою увагу на потреби інших людей.

Це не означає, що вам потрібно стати меценатом чи жертвувати своїми фінансовими можливостями. Швидше, тут йдеться про розуміння того, що ваші власні потреби будуть задоволені, коли ви навчитеся спрямовувати свою енергію та ресурси таким чином, щоб задовольнити потреби інших. Це є проявом вашого власного самовдосконалення. Вірити, що хтось інший зробить це за вас, позбавляє вас сили, оскільки результат буде поза вашим контролем і залежатиме від чиїхось забаганок.

Давайте обміркуємо наступну думку: "Як я сьогодні можу задовольнити потреби інших і одночасно заробити гроші?". На цій планеті немає іншого способу заробляння грошей, окрім як шляхом задоволення потреб інших людей. Вам просто потрібно змістити акцент свого его. Коли ви фокусуєтеся на обслуговуванні інших, ви також служите собі.

На нашій планеті живе понад вісім мільярдів людей і щодня вони прагнуть задовільнити безліч різноманітних запитів. Це означає, що існує величезна кількість замовлень, які потрібно задовільнити. Замість того, щоб розглядати попит і пропозицію з позиції невпевненості та нестачі, погляньмо на них з іншого боку.

Вічний надлишок попиту передбачає, що навіть якщо ви не можете запропонувати те, що іскриться енергією, ви завжди можете знайти інші варіанти, які люди бажають. Коли ви торгуєте енергією, ви фактично продаєте світло, це означає, що ваші можливості нескінченні.

Існують три основні категорії що люди придбають чи набувають: послуги, знання та товари. Вони стають основою для розширення вашої енергії, зміни вашої свідомості та приєднання до божественного достатку, що пронизує весь світ. Коли люди починають звертати увагу на вас та вашу індивідуальність, важливо мати пропозицію у вигляді послуг, знань чи товарів, які можна їм надати.

Коли ви концентруйтесь на задоволення потреб людей, ви знайдете багатство. Ми можемо помітити, що на ринку існує безліч товарів та послуг, які просто не справляються зі своїм завданням. Скільки разів ви відвідували ресторани, які були брудними або не звертали уваги до своїх клієнтів. Скільки компаній створено виключно для того, щоб обманювати людей, не виявляючи справжнього інтересу та піклування про їхні потреби. Існує так багато неякісних товарів та шахраїв, які не розуміють важливості питання: "Як я зможу задовольнити потреби моїх клієнтів?" У деяких випадках потреба клієнта може бути просто емоційною необхідністю в розмові поділитися своїм життям та знайти розуміння.

Для ефективного регулювання попиту та пропозиції необхідно звертатися до енергетики та мати чітке уявлення про те, що ви пропонуватимете своїм клієнтам. Надання послуг, як правило, менш прибуткове порівняно з продажом знань чи товарів, оскільки воно потребує особистої участі. Існують обмеження на кількість годин роботи на день і на ціну, яку ви можете встановити.

Знання завжди потрібні і можуть бути легко упаковані та продані. В даний час інформації існує безліч способів перетворити знання на гроші. Важливо розуміти, що те, що ви пропонуєте у вигляді знань, не обов'язково має бути повним вирішенням проблеми, воно може бути компактним, доступним за ціною та унікальним. Якщо у вас є цінні знання, які потрібні іншим, то ви маєте можливість швидко збагатитися.

Якщо вас приваблює ідея зайнятися продажом товарів, подумайте про продукти, в які ви щиро вірите, про товари, які відповідають своїй ціні. Задайте собі наступні питання: чи можу я повністю присвятити себе цьому продукту? Чи зможу я вкласти свою енергію, справжнє кохання та відданість у цю річ та забезпечувати відмінне обслуговування своїм клієнтам?

Важливо пам'ятати, що націленість на людей є проявом любові. Коли ви стоїте у виставковому залі і розповідаєте про переваги холодильника, що продається, це є актом любові, за умови, що ваш намір не зводиться до думки: "Я продаю цей холодильник, щоб нажитися на цій людині". Справжнє кохання, коли ви щиро зосереджені на своїх клієнтах і дбаєте про них. Надаючи їм увагу, ви передаєте любов і робите їх сильнішими. Ви пропонуєте їм можливість відчути безсмертя, навіть якщо це на мить.

Отже, суть полягає в тому, щоб забезпечувати людей тим, чого їм дійсно необхідно, поширювати цінну інформацію та насичувати процес продажу енергією кохання. Необхідно встановити глибокий емоційний зв'язок з людьми, задовольнити їхні потреби та бажання. Вам слід розвивати себе і бути на одній хвилі з людьми, виявляти справжнє співчуття та випромінювати позитивну енергію.

Важливість встановлення та підтримки глибоких зв'язків на людському рівні є незаперечною, особливо в контексті продажу. Це прояв справжньої любові. Кохання, що проявляється у справах, виражається через співчуття. Чи не було б чудово, якби ви змогли продати мільйон холодильників, отримуючи при цьому безліч проявів співчуття. Такий досвід став би чудовим спогадом, на який можна було б приємно озирнутись наприкінці свого життя.

Щоб досягати успіху у продажі, вам необхідно подолати своє его та прагнути отримати винагороду від людей. Ця концепція може бути трохи прямолінійною, проте насправді вона заснована на релігійно-духовних принципах. Ви упокорюєте свої власні потреби, своє життя, особисті переживання, біль і налаштовуєтеся на сприйняття інших людей. Ви уважно стежите за їхніми очима, рухами тіла, прагнете познайомитися з ними ближче, ставлячи запитання та розмірковуючи: "Чого насправді хоче ця людина?" Потім ви надаєте їм те, що вони шукають та просять.

Розгляньте можливості для вдосконалення своїх дій. Навіть якщо ви зараз працюєте на когось, почніть докладати більше зусиль. Тож якщо ваше робоче місце здається нудним і неживим, все одно вкладайте свою енергію, тому що саме вона допоможе вам рухатися до чогось кращого.

Якщо ви є власником свого бізнесу, розгляньте можливість зробити двадцять пропозицій, які покращать ваші знання, послуги чи товари, щоб підвищити ефективність та конкурентоспроможність вашої справи. Зрештою, ви продаєте себе, тому зробіть це на високому рівні. Вам слід виражати любов, виявляти доброту і мати харизму. Ви хочете бути щирими та готовими до дії у цьому світі. Запитайте себе: чи ви сміливо дивитесь в обличчя своїй долі і чи готові ви служити іншим? Чи будь-які аспекти ваших переконань заважають вам? Якщо так, відкладіть їх на час, доки ви не отримаєте винагороду.

Погляньте на це з іншого кута. Пропонуйте естетику та гармонію у світі, де переважає хаос та неподобство. Впроваджуйте доброту в довкілля, де егоїзм і жадібність панують всюди. Виявляйте миролюбність і гнучкість, коли люди, що оточують вас, напружені, різкі і вперті. Це насправді не так важко зрозуміти.

Візьміть свій товар, який ви пропонуєте, і уявіть, що на вас падає божественне світло, що випромінює неперевершену красу. Вдихніть це світло в себе і потім видихніть його в кожний продукт який ви пропонуєте. Якщо ви перукар, проектуйте це світло на своє крісло і маленькі флакони, ножиці та інші прилади. Не забувайте також про значущість перед кожною стрижкою спрямовувати це світло у свої руки та підтримувати його присутність протягом усього сеансу. Це допоможе створити ауру позитивної та енергетичної гармонії, сприяючи встановленню глибокого зв'язку між вами та клієнтом.

Якщо ви займаєтеся продажом товарів на полицях, спробуйте підійти до них з особливою увагою. Періодично торкайтеся до них, переставляйте їх місцями та всиліть у них свою енергію, оживіть їх. Навіть якщо деякі маленькі баночки пролежали кілька тижнів на полиці, ви можете освіжити їх. Чим більше ви взаємодієте і дбаєте про продукт, тим більше енергії він отримує, і тим вища ймовірність, що через десять хвилин він уже належатиме комусь іншому.

Якщо ви займаєтеся продажом інформації, постарайтеся зробити її унікальною, зрозумілою, короткою та захищеною від осіб, нездатних зрозуміти її зміст. Як часто ви стикалися з інструкціями з використання певної програми, які здавалися написаними незрозумілою мовою? Чому так відбувається? Адже автори цих інструкцій зазвичай піклуються про себе більше, ніж про вас. Вони живуть у власному світі, відірваному від реальності, з дуже високим інтелектуальним рівнем. Вони не бачать денного світла вже багато років, і їхнім єдиним супутником є кур'єр піци. Їм не важливо, чи знаєте ви адресу їхнього веб-сайту чи ні.

Проявіть турботу про людей навколо вас. Багато хто не має високого рівня інтелекту, але має значні фінансові можливості. Чи зможуть вони зрозуміти те, що ви пропонуєте? Також є інші люди, які мають достатньо розуму, але не мають навичок у певній галузі, щоб, наприклад, закрутити гайку. Коли я бачу на виробі напис "легке складання", одразу віддаляюся на безпечну відстань. Я розумію, що якщо говорять про легкість, то мені, можливо, потрібно найняти кваліфікованого інженера-ракетника, щоб розібратися в цьому.

Отже, уявіть, що ви пропонуватимете і як надати цьому абсолютно прекрасного вигляду? Вам необхідно впевнено представляти свої знання, чудові послуги чи продукти, наповнюючи їх ніжністю, любов'ю та світлом. Вам доведеться проявити дисципліну, щоб перейти від егоїстичних мотивів до духовного натхнення, від спраги наживи до стану достатку та від негативних емоцій до почуття любові.

Коли ви приділяєте увагу людям та забезпечуєте їх матеріальними благами, ви встановлюєте з ними зв'язок. Поставте любов на перше місце, щоб надати своєму життю глибокого змісту та насиченості. І це кохання має бути близьким до безумовного, постарайтеся зробити це якнайкраще. Ніколи не забувайте про цей важливий аспект.

Метафізика

Глибоко всередині вашої сутності, вашої особистості та вашого розуму прихована тремтлива молекула нескінченного благородства божественного світла, вона випромінює свідомість Христа. Коли ви знайдете гармонію з внутрішньою нескінченністю, вашим Вищим "Я", ви стаєте джерелом нескінченної енергії. Немає обмежень на кількість божественної сили, яку ви можете привернути до себе.

Занурюючись у доброту, долаючи свої внутрішні перешкоди та звільняючись від шкідливих звичок, ви сходите до світла. Коли ви природно випромінюєте цю енергію, вона відбивається на всьому, що ви робите. Таким чином, ви можете пропонувати не тільки прекрасні та смачні яблука, але й яблука, пронизані вашою власною енергією, просочені божественною силою.

Як тільки ви впустите світло у своє життя, вам більше не доведеться конкурувати. Ваші яблука будуть чудовими у продажу. Це вимагає проникнення світла у кожний аспект вашого існування. Наповнюйте енергією своє життя, уявіть свій промінь світла, що яскраво сяє на вашу послугу, вкладайте своє світло в компакт-диски, музичні записи або книги, якими ви ділитеся своїми знаннями, відчуйте, як ваш рукопис наповнюється світлом. Відчуйте, що ваш продукт є маленьким, але важливим проявом божественної сили та величезної доброти.

Будьте усвідомленими про свою роль як путівник, який допомагає людям на їхньому шляху до самопізнання, зростання та досягнення свого потенціалу. Ваше завдання полягає в тому, щоб забезпечити їх почуттям безпеки і провести від страху до любові, від незнання до мудрості. Ви підносите їм мішок яблук, звільняючи від обмежень та спрямовуючи до свободи. Зосередившись у думках на цих ідеях у своїх діях, ви випромінюєте світло і пропонуєте божественну силу. Люди з радістю звертатимуться до божественного яблука, купуючи його набагато швидше, ніж звичайне.

Коли ви знайдете у своїй роботі присутність Божої Сили, конкуренція перестає бути вашим противником, і ви не потрапляєте в пастку коливань ринку, злетів та падінь попиту та пропозиції. Ви виходите за рамки конкуренції, випереджаючи інших на багато кілометрів.

Дія

Проведіть ретельний огляд своїх навичок, досвіду та знань. Будьте уважними і огляньте всі сфери, в яких ви маєте експертизу. Поступово заповнюйте аркуш паперу, записуючи кожну послугу, знання чи товар, якими ви володієте чи маєте досвід. Зануртеся в цей процес, перенісши свої думки на папір і розгорніть перед собою список того, чим ви вже володієте. Потім, окремо, напишіть інший список речей, до яких ви виявляєте інтерес і які могли б бути корисними та значущими для інших людей.

Вам необхідно поринути у свої мрії та амбіції, розширити межі того, що ви можете запропонувати. Запишіть усі ці ідеї, навіть якщо вони здаються вам недосяжними. Ваш аркуш паперу стане місцем, де ви зможете визначити потенціал, зростання та нові можливості.

У процесі огляду списків зверніть увагу на ваші товари, послуги та інформацію, а потім проведіть аналіз того, що вже було зроблено іншими людьми в цих сферах. Задайте собі запитання: чи захоплює їхній продукт уяву? Чи привертає він увагу? Чи надає він достатньо інформації? Чи навчає він чогось людей? Чи надихає він і допомагає людям зробити їхнє життя більш комфортним? Чи сприяє він поліпшенню їхньої привабливості та сексуальності? Що робить цей продукт цінним та як його можна покращити? Маючи на увазі концепцію покращення продукту, ви можете взяти звичайний, вже відомий всім продукт і додати до нього щось унікальне та інноваційне, що зробить його неперевершеним. Наприклад, ви можете поліпшити його функціональність, дизайн, якість або додати нові можливості, яких немає інших аналогічних продуктів на ринку. Такий підхід дозволяє створити перевагу і привернути увагу клієнтів, пропонуючи їм унікальне і цінне рішення, якого вони не зможуть знайти в інших продуктах. Саме в цій ідеї може бути ваш потенціал для інновацій і переваги.

Подивіться на свою нинішню ділову сферу. Чим ви займалися у своєму комерційному житті? Припустимо, ви завжди працювали на себе, але зараз працюєте за контрактом. Чи ви можете добавити більше енергії у свою роботу? Можна заперечити: "Мені платять однаково, незалежно від того, скільки енергії я вкладаю", але річ не в цьому.

Якщо ви вкладаєте більше енергії у свою роботу, то відкриваються такі перспективи:

(1) ваша робота стає більш захоплюючою та привабливою;

(2) ймовірність підвищення на посаді або підвищення зарплати значно зростає;

(3) ви піднімаєте свій рівень енергії настільки високо, що можете розглянути можливість переходу в іншу компанію, яка готова оплатити вашу роботу значно щедріше.

Для цього ви приходите на роботу трохи раніше, йдете трохи пізніше, підвищуєте свою продуктивність і вкладаєте зусилля у створення емоційного зв'язку з людьми навколо вас.

Важливо почати практикувати активне вкладення енергії прямо зараз, незважаючи на можливу млявість поточної ситуації. Адже саме енергія, вкладена зараз, у майбутньому дасть свої плоди у вигляді фінансової стабільності, достатку та приємних сюрпризів різного роду. Тому не відкладайте на потім, починайте прямо зараз і насолоджуйтесь результатами, які вам доведеться отримати.

Відповідно до принципу метафізики попиту та пропозиції, вам не слід обмежувати кількість енергії, яку ви готові продати. Однак, це не означає, що ви повинні дозволяти іншим використовувати себе. Ваша віддача повинна виходити з бажання отримувати. Тож почніть із щедрості. Подаруйте свою увагу та концентрацію, проявіть любов і віддайте свою енергію.

Не допускайте, щоб негативні емоції щодо інших людей руйнували вас. Якщо вам важко відчувати до них позитив, постарайтеся бути нейтральними. Надихайтеся, будьте відкритими і завжди готовими, тому що, обмежуючи себе, ви залишитеся працювати на одному місці з однією і тією ж заробітною платою протягом усього життя.

Коли ви погоджуєтесь зробити внесок у свій план дій і починаєте шукати способи покращити свої послуги, знання чи продукт, це відкриває перед вами новий розділ у житті. В результаті ви досягаєте більш високої енергії, насиченості та розширюєте свої можливості, що ведуть до фінансового успіху. Ви відкриваєте нові джерела доходу, можете виграти в лотерею або зненацька зустрітися з достатком.

РОЗДІЛ V

Гроші, Концентрація та Корпускулярно-Хвильовий Дуалізм

Концепція

Ми розглянули феномен корпускулярно-хвильового дуалізму в першому розділі, як важливий фактор, який допомагає пояснити різницю між тими, хто має багатство і тими, хто його не має. Цей принцип двоїстості хвиль і частинок у субатомному світі розкриває перед нами тонку природу процесу отримання грошей, яку ми лише починаємо усвідомлювати.

Вивчаючи поля квантової фізики, ми отримуємо цінні знання про природу субатомних частинок. Вони існують у двох станах, маючи особливу подвійність. Початково вони перебувають у невизначеному, аморфно-хвильовому стані, подібно до туману, позбавленому конкретних форм. Однак, коли ми вирішуємо спостерігати за ними, наша енергія акту спостереження руйнує хвильову невизначеність, і раптово частка набуває чіткої реальності з певною ідентичністю та точним розташуванням. У результаті наша тривимірна реальність стає конкретною та визначеною.

Аналогічно, ми можемо застосувати цю дивовижну ідею в кожному моменті нашого життя, зосереджуючи свою увагу на кожній миті, що робить наше життя реальним.

Ваш мозок і розум - складне квантове поле, включає величезну кількість субатомних частинок. Ви, по суті, є носієм безлічі енергетичних сигналів, що випромінюються цим полем. Ваше прагнення до досягнення фінансового благополуччя, здається, підкоряється тим самим законам квантової фізики.

Гроші та фінансовий стан існують як у потенційній, невизначеній хвильовій формі, так і у конкретній, твердій формі. Реальний стан грошей легко зрозуміти - це готівка в руках і доступ до кредиту, якими ми користуємося в повсякденному житті. Однак, коли гроші знаходяться в невизначеному стані, вони існують лише у вигляді потенціалу, подібно до чека, який може бути отриманий, можливому виграшу в лотерею або майбутній угоді.

Акт матеріалізації грошей з невизначеного стану "можливо" – це прояв сили, що здійснюється через акт спостереження. Існує величезний потенціал у вигляді більш ніж трильйона фунтів стерлінгів, які можуть стати вашими. І саме завдяки силі вашого розуму та концентрації ви здатні перетворити гроші з далекої невизначеності "може бути" в реальне багатство, де у вас буде на руках тверда готівка.

Суть у тому, як привернути до себе бажані можливості. Нас завжди вчили, що концентрація виключно на грошах є негативною або, у кращому разі, небажаною якістю, пов'язаною із жадібністю та егоїзмом. У наших школах дітей навчають, що прагнення фінансового успіху вважається майже диявольським.

Якби ви підійшли до групи студентів університету і заявили: "Моєю головною метою в житті є гроші. Я активно вивчаю всі аспекти фінансів і присвячую своє життя досягненню багатства", вас могли б розглядати як людину з іншої планети або яка страждає від збоченої пристрасті. Однак, ці ж люди почуваються задоволеними, проживаючи все своє життя за рахунок інших завдяки державним пільгам, що вважається звичайним у нашому суспільстві. Захоплююче спостерігати, як его успішно перевертає чорне на біле і навпаки.

Немає нічого непристойного в тому, щоб прагнути заробляти гроші, особливо, якщо це робиться без шкоди для інших. Концентрація на фінансовому благополуччі є життєво важливою – єдиний спосіб досягти достатку та свободи. Коли ви закохані і повністю присвячуєте свій час і енергію цій людині, ви стаєте ближчими один до одного. Однак, коли ваша увага до неї слабшає, романтика згасає, тоді ви можете втратити інтерес. Те саме відбувається і з грошима.

Уявіть собі цю дивовижну сцену: ви дістаєте грошову купюру з глибини своєї кишені і починаєте захоплено досліджувати кожну її деталь. Ваш погляд уважно фіксується на кожному зображенні та кожному записі, ніби ви занурюєтеся у світ фінансової естетики. Ви помічаєте найтонші нюанси, лінії та малюнки, які втілюють суть грошової магії.

Протягом п'ятнадцяти хвилин ви невідривно вивчаєте купюру, поринаючи все глибше в її символіку і значимість. І час-від-часу ви промовляєте самому собі, з повною зосередженістю і переконаністю, що ви націлені на гроші, що притягнення грошей і управління фінансами стало вашою новою життєвою дисципліною.

Ваша увага охоплює кожен аспект купюри, ніби вона стає вікном у світ фінансового успіху та достатку. Ви вдивляєтеся в кожну деталь, наче вона відкриває перед вами секрети процвітання та фінансового благополуччя.

Таким чином, ви занурюєтеся в магію грошей і залучаєте їхню енергію у своє життя. Це стає вашим новим способом мислення та дисципліною, яка допоможе вам притягнути фінансовий достаток та досягти фінансових цілей.

Відчуйте тонку дихотомію між націленістю на багатство, гармонійними вчинками у житті, розширенням свого кругозору, розвитком особистості та тією вульгарною жадібністю, що відрізняє її від них. Жадібність - прагнення згребти в свої руки більше грошей, ніж потрібно, з метою наживи та на шкоду іншим.

Заглибтесь у цю внутрішню суперечність і усвідомте, як ці дві сили пов'язані. Одна з них представляє прагнення до фінансового достатку, заснованого на внутрішній рівновазі, взаємній вигоді та етичному способі життя. Це прагнення виражається через справедливі дії та взаємодії, де кожна сторона знаходить своє задоволення.

А інша сила – жадібність, веде нас на темну стежку. Вона штовхає нас до ненаситної спраги, до невпинного накопичення багатства, зневажаючи цінності інших людей та їхніх потреб. Це шлях, який виснажує душу та руйнує зв'язки з оточуючими.

Таким чином, усвідомте чітку різницю між цими двома шляхами і виберіть мудро. Виберіть шлях балансу, зосередженості на багатстві, яке поєднується з емпатією, справедливістю та етикою. Покажіть себе людиною, хто не просто прагне фінансового достатку, а й прагне гармонії з собою та зі світом навколо себе.

Ваше народження супроводжується великим божественним привілеєм мати багатство і достаток, і, якщо ви не є мільйонером, значить, вам не було надано вашу справедливу спадщину. Але навіть якщо ви вже досягли статусу мільйонера, ніщо не може завадити вам у тому, щоб продовжувати накопичувати більше багатства з метою використовування його для надання допомоги іншим, для поширення добра і світла у світі.

У більшості людей викликає труднощі перейнятися почуттям любові до багатства, оскільки вони не розглядають концентрацію як форму вираження кохання. Можливо, вони не довіряють власним мотивам.

Однак, можна володіти значним достатком і при цьому не піддаватися егоїстичній принаді влади та одержимості. Вам можуть знадобитися гроші на фінансування творчих проектів або надання допомоги іншим людям. Гроші можуть бути необхідні для забезпечення мобільності або здобуття освіти. Або ж ви можете просто бажати грошей, щоб веселитися та насолоджуватися життям разом зі своїми друзями, бути вільними та безтурботними. Якщо замислитись, то можна знайти безліч доброзичливих та скромних причин для зосередження на грошах.

У кожну мить вашого існування потенціал вашого буття змінюється під впливом квантового поля вашої свідомості. Деякі з цих біомеханічних квантових стрибків можуть призвести до обмеженості у фінансових ресурсах, бідності та страждань. Тим не менш, інші події вказують на можливість розширення грошового потоку, достатку та добробуту.

Першорядною важливістю є зосередженість на багатстві, що вже є у вашому житті. Це вимагає усвідомлення реальності, яку ви дійсно відчуваєте. Існує безліч аспектів, які легко випустити з уваги, такі як кисень, що заповнює ваші легені, кров, що тече по ваших венах, їжа, яку ви вживаєте, а також люди, з якими ви спілкуєтеся, і ніжність ваших взаємин з рідними та друзями, ваша взаємодія з тваринами та природою, тепло сонця та життєва сила, властива воді, повітрю та землі. Всі ці навколишні аспекти є свого роду "храмом", і вам слід бути вдячними за те, що вони доступні вам.

Корпускулярно-хвильовий дуалізм є концепцією, яка стверджує, що ми вибираємо напрямок нашого сприйняття. Коли ви усвідомлюєте, що всі ваші ресурси перебувають у достатку, ви усуваєте можливість нестачі. Однак, якщо ви дозволяєте емоціям і страху керувати вашою увагою, концентруючись на тому, чого у вас немає, замість того щоб зосередитися на вирішенні проблеми, ви тільки посилюєте замішання. В результаті ви посилюєте нестачу і ваші можливості перетворити туманну хвилю на конкретний твердий стан стають все більш обмеженими. Це нагадує нам про фразу "тому, хто має, буде дано...". Ті, хто написав Біблію, насправді говорили про субатомну фізику.

Метафізика

Метафізика корпускулярно-хвильового дуалізму є захоплюючим лабіринтом розуміння. Її глибини вкриті таємничою біоелектричною енергією, що пронизує ваше тіло. Ця енергія, відома як тонке тіло або ефірне поле, є своєрідним простором, де перебувають ваші найщиріші почуття та емоції.

Як я вже згадував раніше, ви – не просто істота, а джерело почуттів. Ці почуття, відображення того, хто ви насправді, укладені всередині вашого ефірного простору. Тому, щоб ефективно управляти своїм життям і розкрити свою справжню силу, необхідно розвивати внутрішню стійкість і проникливість у цьому біоелектричному полі, в ефірі. Це частина процесу трансформації, який простягається за межі простого здобуття достатку та уособлює вашу внутрішню силу.

Існують різні способи зміцнення вашої внутрішньої сили. Я розкрив питання внутрішньої сили в Третій Частині, але для засвоєння теми хочу звернути вашу увагу на ключові аспекти.

Один із найефективніших способів підвищити вашу енергію – більше дисципліни у вашому житті. Приділяйте увагу правильному харчуванню, медитації та молитві, знайдіть час для фізичних вправ та створення порядку навколо себе. Важливо почати ставитися до свого життя з більш позитивною перспективою, незважаючи на всі перипетії. Перш за все, вам необхідно підвищити свою енергію на більш високий рівень, щоб досягти гармонії та балансу.

Ваші коливання на більш високій вібраційній частоті стають джерелом відкритості до Божественного Світла та достатку, які пронизують усе, що існує. Дозвольте собі зануритись у стан медитації та відчути, як промені Світла проникають через ваше тонке енергетичне тіло. Ваша медитація може бути простою та природною. Уявіть, як Божественне Світло наповнює вашу серцеву чакру, надходить у область горла і входить у ваше тіло через центр чола. Відчуйте, як цей потік світла пронизує ваше фізичне тіло через маківку вашої голови, наповнюючи вас внутрішньою ясністю та прозрінням.

Усвідомте, що Світло проникає у всі частини вашого тіла, включаючи ваше внутрішнє Вище "Я". Таким чином, ви і Світло стаєте нерозривною сутністю. Ваша присутність може бути всюди сущою. Коли ви усвідомлюєте і міцно впровадите у своєму розумі ідею "Я - Світло", ви залишаєте обмеження его, відкриваючи собі безмежний світ духовного існування. Ви величні, ви всюди сущі, ви вічні.

Порińьте у відчуття, що наша прекрасна планета перебуває всередині вашого серця. Уявіть Землю як маленький символ, що обертається навколо найглибшого куточка вашої душі, навколо вашого серця. Таким чином, ви сповіщаєте: "Я більше ніж життя. Я вище навколишніх обставин. Я причетний до божественного Світла, я вічний, тому метафізично я більше, ніж обмежений простір цієї планети і звичайне життя з її звичками і потребами".

Тут мова йде про те, щоб стояти величним гігантом із Землею біля ваших ніг, знаючи, що ви в повному контролі над своїм життям і що навколо вас існує магія та сила, які принесуть вам невичерпні винагороди. Необов'язково розбиратися в деталях механізмів цієї сили, на це може піти ціле життя. Все, що потрібно - це розуміння, що вона працює.

У книзі "Сім духовних законів успіху" Діпак Чопра, виданої 1995 року видавництвом Amber - Allen , автор висловлює таку ідею: "Кожен наш намір та бажання мають свою внутрішню механіку, яка допомагає їх здійсненню. Коли ми висловлюємо намір чи бажання, вони стають частиною поля чистого потенціалу, де існує необмежена організаційна сила, яка спрямовує наші наміри та бажання до їх реалізації, відкриваючи перед нами невичерпні можливості та приводячи до досягнення бажаних результатів, і коли ми вкладаємо свої наміри в родючий ґрунт чистого потенціалу, ми впускаємо цю нескінченну силу з'єднання, щоб працювати на благо нас самих". Підтримка чистоти вашої енергії є ключовим фактором для плідності вашого потенціалу та досягнення максимальних результатів. Це дозволяє уникати негативного впливу та допомагає вам залишатися сконцентрованими, натхненними та ефективними у своїх діях.

Якщо життя емоційно вас пригнічує, якщо ви відчуваєте невпевненість і замкнутість, то тонка енергія, яку ви випромінюєте, залишається ув'язненою. Фактично, вона валиться сама на себе, і тому у скрутні моменти люди часто кажуть: "Світ валиться навколо мене". Це відчуття виникає, коли ваш тонкий ефір стискається і закривається, захищаючи себе, оскільки він відчуває свою слабкість, наче маленька тварина, що ховається в кутку від хижака.

Намагайтеся висловлювати свою енергію назовню. Вам не потрібно бути бездоганним, щоб мати впевненість у собі. Пам'ятайте, що ви Світло, і не забувайте про те, що ви здатні поширювати свою енергію на будь-якій відстані на будь-які напрямки нашої планети. Ви можете відчувати людину та притягувати можливості на відстані десятків тисяч кілометрів. Відстань не має значення, коли ви живете в променях Божественного Світла, у світі достатку, створеного Богом.

Ваші можливості не обмежені відстанню, немає меж того, скільки ви можете пройти або що можете досягти. Нескінченна сутність енергії має механізми, які здатні втілити всі ваші мрії без сумнівів.

Дія

Щоб акцентувати увагу на фінансах, необхідно вжити певних заходів щодо грошей. Гроші не з'являються самі по собі. Якщо ви кинєтс десяти фунтову купюру на вулиці, вона просто залишиться там лежати, поки хтось її не підбере або вітер не здує.

Так само достаток вимагає від вас активного руху у напрямку можливостей.

Справжня енергія виникає і проявляється у самому акті руху. Коли ви встаєте, дієте і рухаєтеся вперед, ви генеруєте потужну силу, що призводить до результатів. Без руху енергія залишається потенціалом, але не набуває сил і впливу. Як я вже говорив, гроші та енергія - одне й те саме. Тому щодня дійте послідовно і з наміром, і кожна дія сприятиме вашому фінансовому успіху. Заплануйте угоду, створіть брошуру, відвідайте конференцію – робіть все, що потрібно. Дійте, дійте, дійте.

Вам необхідно бути активним. Водночас продовжуйте посилювати свої почуття. Як зазначалося раніше, ви можете відвідати найрозкішніший готель у місті та просто насолоджуватися атмосферою, попиваючи каву у холі. Незалежно від того, що ви робите, ви повинні рухатись у напрямку того, чого ви бажаєте.

Будьте завжди в гармонії зі своїми почуттями, щоб багатий світ, до якого ви маєте право належати, не здавався вам чужим. Він не повинен бути загадковим, недосяжним чи просоченим негативною енергією. Коли ви рухаєтеся у бік достатку, відвідуйте розкішні магазини, насолоджуйтесь чашкою кави у Гранд Готелі, читайте фінансові видання, поринайте у світ фінансів. Безліч фондових бірж пропонують мобільні додатки та крипто-програми для початківців, тому навіть якщо вам обрид ринок збуту, відвідайте біржу. Приєднуйтесь, приєднуйтесь, приєднуйтесь.

Зрозумійте, що ви і фінансове процвітання нероздільні. Гроші – невід'ємна частина вашої особистості, це ви самі. Тепер туманний сумнів розвіюється, і ви втілюєте свої мрії у життя завдяки своїй наполегливості та зусиллям. Розглядати потенціал достатку як природної складової вашої енергії і життєвої сили є важливим аспектом. Коли ви усвідомлюєте, що ви є джерелом нескінченного достатку, ви починаєте притягувати до себе більше можливостей, достатку та благополуччя. Ваша дія може зрівнятися з процесом перетворення пари на крижану масу.

Дія – це своєрідний прояв сили. Щоб залучати гроші до себе, потрібно контролювати своє життя. Тому зараз дуже важливо зміцнити вашу віру в достаток і вжити активних заходів. Вжиття заходів не повинно представляти вам будь-яких витрат. Ви можете прогулюватися пшеничним полем і захоплюватися його багатством, або йти торговою вулицею з магазинами дорогого одягу і говорити: "Так, цей одяг дійсно чудовий! Коли настане час, я з радістю придбаю всі ці прекрасні речі, які тільки захочу".

Ви повинні розуміти, що успіх не обов'язково надходить від одного конкретного напрямку. Незначні зміни та дії можуть призвести до успіху. Кожне рішення підтверджує ваше прагнення досягти фінансової незалежності. Не варто обмежувати себе лише одним способом отримання доходу, справжні гроші можуть з'явитися у вашому житті з різних джерел.

За допомогою активного руху ви перетворюєте можливості на реальність. Вони переходять із сфери потенційних можливостей у сферу ймовірностей, а потім стають очевидними фактами.

РОЗДІЛ VI

Виклик та Прояв

Концепція

На початку було Слово. Звук - могутня сила, яка відіграє важливу роль у процесі творення та прояви. Звук має енергетичну сутність, здатну впливати на нашу свідомість, емоції та фізичний стан. Він може створювати коливання та резонанс навколо нас, впливаючи на навколишнє середовище та нашу власну енергетику.

Ми можемо використовувати звук для активації та спрямування енергії в потрібному руслі. Мантри, афірмації, аудіо-візуалізації та звукова техніка медитації – всі вони засновані на силі звуку для досягнення бажаних результатів. Звук може допомогти нам відновити баланс, зміцнити енергетичне поле та притягнути бажані події та обставини.

Це ключовий елемент загадкового механізму, який перетворює наші думки та ідеї з невизначеності на міцну реальність. Ми повинні активно звертатися до Всесвіту, який ми називаємо Богом, щоб закликати наші бажання. Нам слід вимовляти їх вголос, а не просто розмірковувати про них у собі.

Коли слова звучать вголос, вони набувають силу прояву. Звук відіграє важливу роль у формуванні нашої індивідуальної реальності. Кожен момент життя ми або закликаємо наші мрії стати дійсністю, або руйнуємо їх. Ми маємо можливість підтвердити свої бажання чи скасувати попередні вказівки. У нашій промові та внутрішньому діалозі закладено силу, здатну творити чи руйнувати нашу реальність.

У давні часи, коли стародавні шамани зверталися до неба і викликали дощ, наповнюючи ведра чарівною водою, люди захоплено дивилися на це явище, зараховуючи його до великої магії. Однак вони не усвідомлювали механізми, приховані за цим процесом. Насправді, в основі всього лежала сила виклику, що супроводжувалась тонким зв'язком між шаманами та духами природи. Цей таємничий союз дозволяв досягти бажаного результату та принести дощ на землю.

Вираз своїх потреб вголос, подібно до спілкування з кур'єрською службою, яка доставляє речі поштою. Зателефонувавши на гарячу лінію, ви озвучуєте своє замовлення кажучи: "Я хочу це. Надішліть мені те…" Тому почніть говорити вголос про те, що вам потрібно, як про існуючу річ. Наприклад, попиваючи каву з другом, скажіть: "Я скоро отримаю велику фінансову виплату". Можливо, він запитає: "Звідки така впевненість? ", потім ви відповісте: "Я кажу про те, що знаю і у що вірю. Я знаю, що це правда, тому що просто, викликаючи і вірячи в це, я перетворюю свою ідею з потенційної можливості Всесвіту на реальність. Коли я викликаю, я матеріалізую те, що мені потрібне".

Тому вирішіть, чого ви насправді бажаєте і не бійтеся вимовити це вголос. Не думайте про безліч можливих варіантів і не залишайте місце для сумнівів і невизначеності, ніяких «можливо». Всесвіт не може прочитати ваші думки і не може ухвалювати рішення за вас. Вам потрібно бути чіткими та впевненими у своїх бажаннях. Не кажіть: "Якщо я досягну цього, а якщо того не станеться, то я зможу втілити свою мрію в життя". Натомість подивіться на свою мрію як на неминучість, яка має стати реальністю.

Пам'ятайте, що в безкрайньому царстві енергії час втрачає свою значущість, всі речі існують завжди і доступні кожному в даний момент. Ваші мрії вже є реальністю у паралельних вимірах. Коли ви викликаєте свою мрію як невід'ємний факт, ви притягуєте її з паралельного світу прямо сюди, прямо зараз, у вашу приємно теплу і ласкаву долоню, щоб ви могли помилуватися, насолодитися і перейнятися нею.

Метафізика

Метафізика викликів є глибокою та незбагненною. Я не можу точно пояснити, як і чому це відбувається, або які механізми підкріплюють цей закон. Коли ми висловлюємо свою реальність через слова та звуки, ми не лише передаємо інформацію, а й активно взаємодіємо з ефірною реальністю навколо нас. Наш словесний прояв та звукові вібрації мають силу і можуть впливати на навколишнє середовище та енергетичне поле планети.

Аналогічно нашому біоелектричному полю, ефірне тіло планети також є частиною її сутності. Це енергетичне поле пронизує та охоплює всі прояви на Землі, включаючи нас, природу, тварин, рослини та всі елементи навколишнього середовища.

Коли ми усвідомлено та цілеспрямовано озвучуємо свою реальність та передаємо свої наміри та емоції через звукові хвилі, ми створюємо коливання в ефірній реальності. Ці коливання поширюються та взаємодіють з енергетичним полем планети, а також з енергетичними полями інших істот та об'єктів.

Ми можемо використовувати цю силу звуку та свого голосу для створення позитивних змін у навколишньому середовищі та всередині себе. Наше словесне вираження може створювати хвилі гармонії, любові, благополуччя та зцілення, які поширюються та впливають на нашу реальність.

Таким чином, наші слова та звуки несуть в собі енергетичну силу, і ми відповідальні за те, як ми її використовуємо. Ми можемо випромінювати позитивні та надихаючі звуки, які підбадьорюють нас та інших, створюючи більш гармонійне та сприятливе оточення.

Озвучуючи нашу реальність та впливаючи на ефірну реальність через звук, ми стаємо активними співучасниками у створенні нашого власного життя та середовища, і можемо принести більше радості, гармонії та позитивних змін у наш світ.

Ефірне тіло планети пов'язане з іншими паралельними світами, де існують наші гіпотетичні ідеї та мрії. Коли ми здійснюємо виклик, ми притягуємо наші ідеї з потенційних вимірів у реальність Землі. Необхідно мати віру в те, на що ми посилаємося, і не дозволяти негативним думкам чи ідеям вступати до нашої мови. Уникайте порожніх розмов і не висловлюйтесь необдумано. Якщо ви скажете: "Це як страшний сон", ви закликаєте страх і тривогу поринути у ваші сни. Якщо ви кажете, "Це жахливо", ви запрошуєте жах у своє життя. Якщо ви описуєте людину як біль у задньому проході, будьте готові шукати ліки від геморою. Не скаржтеся і не дозволяйте сумніву та занепокоєнню позбавити ваше життя сенсу та енергії.

Якщо вас щось турбує, тримайте це в собі і не промовляйте як невід'ємний факт. Ваші слова лише зміцнюють це. Натомість, обміркуйте і пошукайте відповіді на свої запитання. Потім висловіть своє рішення як невід'ємний факт. Пам'ятайте, що все може бути змінено. Кетрін Пондер у своїй книзі "Динамічні закони процвітання" звертає увагу на силу слів та їх вплив на створення нашої реальності. Вона наголошує, що ми створюємо світ навколо себе за допомогою нашої мови, і слова, які ми використовуємо, мають величезну силу прояву.

Кетрін закликає нас усвідомити, якщо ми не задоволені поточним станом світу, який ми створили словами розбрату, нестачі та страждань, ми маємо можливість змінити його, змінюючи наші слова та настанови думки. Вона стверджує, що ми можемо почати будувати новий світ, сповнений нескінченного блага та процвітання, шляхом зміни нашого мовлення та прагнень.

Дія

Молитва – мистецтво виклику, особливо коли вона промовляється вголос. Однак, щоб молитва справді здобула силу у вашому житті, необхідно перейти від прохань і вимолювання до знання. Коли ви кажете: "Боже, дай мені більше грошей" – це не виклик, у таких словах є невпевненість і відчуття безпорадності. Виклик вимагає від вас твердження, що ваші потреби вже задоволені, і бути повністю впевненим, що ваш намір вже передано і він дійсно існує в паралельному вимірі, готовий перейти в нашу тривимірну реальність, яку ми називаємо домівкою.

Таким чином, замість безмовної молитви, вимовляйте свої молитви вголос, стверджуючи кожне бажання як реальність. Пам'ятайте: "Велика винагорода вже на шляху в моє життя". "Надзвичайно вигідна пропозиція вже прямує до мене". "Один мільйон фунтів, легко і без зусиль досягає мене". Викликайте, і ви ніколи не збанкрутуєте.

РОЗДІЛ VII

Гроші та Его

Концепція

Его виконує кілька функцій, однією з яких є забезпечення безпеки вашого життя і формування вашої ідентичності. Его, переслідуючи свою мету, прагне відокремити вас від інших, і тому воно носить у собі конкурентний характер. Его вірить у необхідність поділу, замість прагнення об'єднанню. Его потребує індивідуальності, збереження певної відстані та відчуття відокремленості від інших, щоб почуватися задоволеним і таким чином подолати свої страхи та сумніви.

Однією з найпотужніших сил, які підживлюють його і впливають на нашу планету, окрім сексу є гроші. Гроші символізують важливість, і це почуття важливості дозволяє его відчувати себе особливим по відношенню до інших. На відстані ми можемо спостерігати за фізичним тілом, в якому живе его. У п'ятому розділі я вже говорив, що на рівні субатомних частинок наша реальність існує в невизначеному стані, скрізь і ніде одночасно. Вона набуває конкретної форми лише тоді, коли ми звертаємо на неї увагу і концентруємось на ній. Саме тому, его воліє мати армії спостерігачів у своєму оточенні.

У розділі "Особистість" я наголосив, що для того, щоб стати спостерігачем, необхідно зберігати певну дистанцію. Це пояснює, чому его приваблює відмінність, елітарність та особливість. Адже люди люблять знаменитостей і прагнуть спілкуватися з ними. Знаменитостей оточує така безліч спостерігачів, що здається, ніби вони існують у ясно окресленому стані, втілюючи ілюзію їхньої впевненості та безпеки, що перевищує ту, яку відчувають прості люди.

Вони справляють враження неминучої реальності, що перевершує навіть важливість життя. Мільйони людей бачать у них щось особливе, істоти, що випромінюють блиск та енергію. Це дозволяє простим людям відчути, що їхня власна енергія стає вищою і захищеною, адже вони стикаються зі знаменитою зіркою, що має неймовірно дивовижну красу.

Це все трохи абсурдно – це просто ілюзія. Знаменитості не перебувають у більшій безпеці, ніж ви, насправді вони часто дуже невпевнені в собі і невротичні, принаймні з тими, з ким я взаємодіяв. Звичайно, ніхто не може постійно підвищувати вашу енергію, ви повинні займатися цим самі. Зрештою, немає ні найвищого, ні найнижчого. Ідея важливості та особливості завжди приваблює людей та продається через засоби масової інформації, соціальні мережі та рекламу. Але це не реальність, а навмисно створена ілюзія життя.

Мистецтво полягає у тому, щоб не сісти на цей поїзд особливого призначення. Це подорож для его, і вона потребує величезної кількості енергії. Намагатися переконати інших, що у вас все добре або прагнути викликати їхнє захоплення і бачення вас як особливої людини - витрати часу, які можуть у результаті дорого обійтися. Як тільки ви створите таку точку зору в інших, ви станете об'єктом важливості, і вам доведеться розщедритися за вечерю.

Ви можете насолоджуватися придбанням розкішних автомобілів і витрачати більшу частину вашого важко заробленого капіталу на підтримку цієї маскарадної гри. Можливо, це дозволить вам задовольнити своє его, але не принесе вам справжнього та тривалого щастя, спокою та гармонії. Такий підхід не наблизить вас до єднання з усім сущим, а скоріше віддалить вас від духовності та стосунку з Богом, занурюючи у світ ілюзій. І коли щось піде не за планом, ваше его сприйматиме все як особисту образу, ви страждатимете від незадоволення життям та внутрішньої кривди.

Це причина, чому багато людей так серйозно ставляться до грошей, не тільки через їхню здатність забезпечити їм житлом, їдою та комфортом, але й через бажання бути поміченими та почуватися особливими. Однак, коли ви звільняєтеся від залежності его бути в центрі уваги, коли ви починаєте працювати над собою та цінувати себе незалежно від своїх власних недоліків, вам уже не знадобляться постійні шанувальники та спостерігачі.

Ви стаєте усвідомленою та вільною людиною, яка виходить з-під контролю та маніпуляцій его, що так поширене в сьогоднішньому світі гламуру та залежності. Коли ви звільняєтеся від цих обмежень, ви починаєте відриватися від его та його боротьби за виживання. Несподівано ваше ставлення до грошей змінюється. Ви більше не відчуваєте страху або не утримуєте кожну копійку мертвою хваткою. Ви стаєте більш розслабленими, розуміючи, що гроші часто є лише грою, в яку его втягує вас заради власного задоволення.

Це лише один із способів, якими его маніпулює вами, утримуючи вас у полоні роздратування та напруги, промиваючи ваш мозок і вселяючи свої ідеї. Для багатьох людей складно усвідомити, як ця скутість та страх перешкоджають їм побачити можливості. Однак, коли ви звільняєтеся від своїх багажів і змінюєте своє ставлення до необхідності у власній важливості та особливості, ви раптово набуваєте свободи. В кінцевому рахунку те, що вам дійсно потрібно - щасливе, вільне та творче життя. Шукати постійне визнання та увагу – це для слабких та невпевнених у собі людей. Ви не тренований собака, який грає, сподіваючись на увагу і шматочок ласощів. Це принизливо і виснажливо, і з духовного погляду - незрівнянно потворно.

Немає більшого багатства, ніж свобода, яку приносить достаток. Звільнення від маніпуляцій його – це перетин кордону. Який сенс бути надзвичайно багатим лише за матеріальними показниками, якщо внутрішньо ви постійно відчуваєте нервозність і живете у страху. Навіщо бути відомим, якщо це означає створити розкішну в'язницю, наповнену смутком та самотністю. В оточенні знайомих і шанувальників, але позбавлених справжніх друзів, які люблять і приймають вас беззастережно, яких ви можете любити взаємно.

Раніше, я згадував, що заробляння грошей – не обов'язково серйозне заняття. Це як гра, до якої ви залучені. На перший погляд, здається, що ви граєте проти зовнішніх сил, таких як ринкова економіка, але в міру просування в грі ви розумієте, що насправді граєте самі з собою. Відмова від прихильності до грошей потребує зміни своїх ідей та переходу до більш духовного розуміння грошей.

Позбавившись поділу між собою і зовнішнім світом і з'єднавшись з вічним Вищим "Я" всередині вас, ви повертаєтеся до божественного Світла, яке об'єднує нас усіх. Кожна душа, що знаходиться на нашій планеті, робить свій внесок у колективну еволюцію, тому можна сказати, що еволюція нашої планети є результатом спільних зусиль і духовного зростання всіх її мешканців. Замість того, щоб урвати і піднятись, з метою відокремити свої активи та цінності від інших, ви розумієте, що ви є частиною всього, і все є частиною вас. Наша колективна еволюція має на увазі, що добробут та багатство кожної людини є важливими складовими благополуччя та багатства суспільства загалом. Взаємозв'язок між нами означає, що успіх однієї людини може призвести до процвітання та благополуччя інших. Ми створюємо взаємодіючу мережу, де зростання та успіх кожного індивідуума мають потенціал відбитися на благополуччі всієї нашої спільноти.

Такий стан справ є неймовірно сприятливим, оскільки відкриває вам широкі можливості отримати значні фінансові кошти, не вкладаючи в це жодних зусиль, виграти в лотерею, натрапити на гроші на вулиці, отримати дивовижну пропозицію для заробітку і таке інше. Бідність, насправді, ґрунтується на відчутті відчуженості, яке створює наше его, отже, відчуженість лежить в основі свідомості людини, яка відчуває нестачу. Однак, ставши частиною всього сущого, ви починаєте формувати свідомість достатку.

Я вірю, що серйозність – це ілюзія, що створюється его. Життя, насправді, несерйозне, воно є лише коротка подорож. Так, у нашому житті ми можемо хворіти, страждати та мати інші негативні емоції, але всі ці негативні явища виникають із протиріч, створюваних его. Воно бажає, щоб усе йшло за його планом, але насправді з'являються обставини, які суперечать цьому. Якщо розглядати наше перебування на Землі з духовної точки зору, то можна сказати, що ця подорож загалом є позитивним досвідом.

Серйозність спотворює суть вашого життя та віддаляє вас від вашої внутрішньої дитячої сутності. Творча сила, яка присутня всередині вас, така ж могутня, як і в дитинстві, а творчість має рівну цінність з грошима. Якщо ви забороняєте собі доступ до своєї внутрішньої дитини через свою серйозність, ви також обмежуєте зв'язок з божественним світлом і вашим внутрішнім жіночим аспектом. Усі успішні творчі особистості використовують свій внутрішній жіночий потенціал, чи то вчений, який працює над інтуїцією, художник, який експериментує і комбінує кольорами, чи музикант, що досліджує поєднання нот та акордів.

Жіночі принципи мають ніжність і звертаються до глибинних почуттів людства. Насправді творчість є єдиним свідченням, що залишилося після відходу цивілізацій. Ми не пам'ятаємо римських бізнесменів або різних полководців, залучених в Троянські війни. Навіть древні королі та королеви не захоплюють нас особливо. Ми цінуємо мистецтво, архітектуру та культуру минулих епох. Віру, мистецтво, культуру, залишені ними – Біг-Бен, Колізей, Версаль, картини, книги – те, що має справжню цінність і тому продовжує існувати зараз. Ми пам'ятаємо Інь, тому що саме через Інь та його ніжність проявляється Сила Бога.

Тому, якщо ви є надмірно зарозумілою і важливою людиною, дозвольте собі розслабитися. Спробуйте надати життю легкість і охопіть його дитячу красу. Пристрасть до надмірної дорослості веде до серйозних неприємностей. Не заглиблюйтесь надто сильно у парадигму серйозності.

Метафізика

Метафізика грошей та его ґрунтується на принципах, які легко усвідомити та застосовувати у повсякденному житті. Ми - коливання енергії та почуттів, які впливають на нашу реальність. Коли наше его пов'язує нашу самооцінку і сприйняття гідності з наявністю чи відсутністю грошей, наші емоції починають підніматися і падати, немов на американських гірках, і це відбивається на нашому енергетичному стані. Коли щось йде не так, коли чек повертається або гроші не надходять, наша енергія знижується. Ми починаємо почуватися в програші, слабкими і менш цінними, ніж раніше. Якщо ми дивимося на себе виключно через призму его і стикаємося з невдачею, це може суттєво вплинути на наше самопочуття.

Шлях до метафізичної істини нашої божественності потребує особливого підходу. Це щось, що не треба нав'язувати іншим, а скоріше є тихою внутрішньою силою. Це прояв нашого внутрішнього визнання нескінченної краси, яка перебуває в кожному з нас. Коли ми досягаємо цього рівня усвідомлення, коливання та нестабільність у сфері грошей перестають мати значення. Однак, для багатьох це не буде швидким процесом, оскільки все, що ми колись чули, стверджує важливість статусу та необхідність чогось більшого чи чогось, чого нам не вистачає.

Реклама служить тому, щоб наголосити на нестачі в нашому житті, нагадуючи нам про те, чого в нас немає. Її основна мета – пробудити в нас бажання та тонко наголосити на нашій неповноцінності. Часто у рекламі використовуються механізми підсвідомого страху. Наприклад, вона натякає, що ніхто не хоче бути товстим, бо ми боїмося бути відкинутими іншими. Саме тому нам пропонують купувати спеціальні продукти, що обіцяють виправити це. Також реклама натякає, що ми не хочемо мати зморшки, тому що ми боїмося бути самотніми та не бути коханими. У рекламі радять нам натирати обличчя різними кремами, незважаючи на їхню безкорисність. Крім того, вона каже, що нам потрібні шанувальники, і тому ми маємо купити цей блискучий автомобіль, який, на жаль, розвалиться за два роки.

Реклама також сприяє нагромадженню боргів. Заборгованість є формою підпорядкування. Невеликий борг або керована заборгованість є цілком прийнятними, але велика кількість боргів буде придушувати вас. Це викликає страх і породжує негативні емоції, які впливають на ефірний баланс. Коли ваш ефір перебуває в неврівноваженому стані, ви стаєте більш уразливими і відкриті до зовнішніх впливів та психічним вторгненням. В результаті ви можете відчувати ще більше страху, а можливо навіть зануритися в депресію та інший пригнічуючий стан.

Маніпуляції уряду та ЗМІ з нашим его – це підступний та жорстокий спосіб контролю. Вони спрямовані на те, щоб обмежити нашу свободу думки та дій. Єдиний спосіб захиститися від цього "тренда" - відключитись від інформаційних потоків.

Коли ви відмовляєтеся від необхідності уваги і перестаєте надавати грошам значення символу статусу, ви послаблюєте своє его і знаходите свободу. Ви маєте право бути самим собою і насолоджуватися свободою, не допускаючи, щоб ваші прагнення, мрії та бажання повністю визначали вашу сутність. Життя слід проживати з радістю та насолодою, кожної миті приносячи собі задоволення. Якщо ви не щасливі, то щось тут не так.

Погляньте на гроші, як джерело натхнення для вашої творчості. Розглядайте їх як прояв глибокого кохання, а не просто засіб забезпечення безпеки. Таким чином, ви знайдете стабільність у своїх емоціях, звільніться від стресу та напруги, що дозволить вам жити більш гармонійним та врівноваженим життям. Використовуйте свої фінансові ресурси для створення радості та легкості у житті.

Дія

Я згадував у розділі "Концепція", прийняття більш м'якого та менш серйозного підходу є ключем до перетворення грошей із символу его на те, чим вони дійсно є – символом подяки за нашу енергію. Це одна із складових шляху до звільнення та спрощення нашого існування.

Більшість людей скуті вузлами, їхнє життя стало нескінченним безладом, що потребує постійного контролю та організації. Візьміть ініціативу у свої руки. Позбудьтеся непотрібних речей з гідністю і з доброзичливістю відпустіть людей, які більше не служать вам. Розберіться з активами, що виснажують вас. Звільніть свій час і позбавтеся всіх зайвих зобов'язань, щоб краще керувати своїм життям.

Налаштуйтеся на фінансову стабільність та зберігайте простоту відповідно до ваших обставин. Це допоможе вам відновити зв'язок з вашою внутрішньою дитиною. Коли ви виявите цю маленьку дитину всередині себе, ви повинні дбати про неї і приділяти їй увагу. Це саме по собі служитиме вам надійною опорою в будь-яких ситуаціях. Ви не зможете справді прийняти своє життя, якщо не відкриєте заново вашу внутрішню дитину і не навчитеся робити її щасливою. Загляньте в магазин іграшок і купіть собі кілька ігор, дайте собі можливість пограти під дощем, поваляйтеся в болоті або розбийте собі кремовий пиріг в обличчя.

Бути легковажним – прекрасне та ангельське почуття, яке наближає нас до небес, а бути ангелом – означає перебувати у стані нескінченності. І насправді, бути нескінченно вільним простіше, ніж застрягати серед похмурого натовпу дорослих, занурених у тривоги своїх інвестицій і наполегливо працюючих, щоб оплатити речі, які не приносять їм щастя.

Якщо ви переживаєте негативні емоції або страждаєте від болю, усвідомте це і спробуйте самостійно впоратися з ними. Не перекладайте ці емоції та біль на інших. Ви повинні взяти відповідальність за свій біль та бути господарем своїх почуттів. Звичайно, ви можете обговорити це зі спеціалістом або поділитися своїми проблемами з другом, але, зрештою, це ваша індивідуальна боротьба. Це особисте для вас. У вас немає права перекладати це на інших, виплескувати гнів і заражати своєю енергією, обтяжувати їх своїми проблемами. Це негативна карма, така як маніпуляції, помста і злість.

У своєму прагненні до звільнення та подолання страху не варто змагатися та боротися з іншими. Дозвольте їм бути супер-ким, якщо їм так хочеться. Якщо в інших людей виникає потреба наголосити на своїй значущості, дозвольте їм це зробити. Зберігайте спокій і слухайте. Це чудовий спосіб самоконтролю. Якщо їм важливо бути першими, поступіться їм місцем і дайте їм можливість йти попереду. Сонце сходить в той самий час для всіх сусідів, незалежно від того, хто поспішає попереду, а хто йде мирно поруч.

Переконання у необхідності змагання змушує нас відчувати побоювання нестачі. Однак коли ми підвищуємо свою енергію, ми перестаємо змагатися з іншими, і наш страх зникає. Тоді, коли ми не відчуваємо страху, ми випромінюємо найпотужнішу енергію, притягуючи до себе більше людей і ми здатні досягати більших успіхів.

РОЗДІЛ VIII

Віддача та Отримання

Концепція

Люди часто заплутуються в питанні про віддачу та отримання, замислюючись про те, скільки вони мають віддати, щоб отримати натомість. Іноді вони стурбовані питанням, чи вони отримують справедливу частку. Однак, якщо розглянути цю концепцію з емоційної точки зору, а не у фокусі на грошах чи матеріальних речах, вона стає набагато простішою та зрозумілішою.

Щоб забезпечити собі фінансове благополуччя, потрібно припинити концентруватися на грошах і почати виявляти емоційну чуйність до оточуючих, бути підтримкою для інших людей, приділити їм увагу та турботу. У нашому світі люди часто відчувають страх і невпевненість, їм потрібна емоційна підтримка та захист, який ви можете надати без жодних витрат. Для цього потрібно подолати своє его, налаштуватися на емоційний контакт із людьми та допомогти їм розвиватися та рости.

Практикуйте мистецтво істинного слухання, прояви співчуття і справжнього сприйняття того, що вони говорять, на відміну від того, щоб просто вдавати, що ви слухаєте, але насправді бути зануреним у свої власні думки. Приділяйте увагу співрозмовнику, дивіться їм у вічі, повторюйте їхні слова, щоб вони відчували, що ви їх справді чуєте та розумієте. Коли вони виражають негативні емоції, використовуйте заспокійливі слова. Визнайте, що їм важко відкрито висловлювати свої почуття. Наприклад, ви можете сказати: "Я розумію, що це складно для вас, і це справді розчарування, з яким ви зіткнулися".

Не піддавайтеся на їхні емоційні ігри, просто будьте поруч, щоб підтримати їх, доки вони висловлять свої почуття. Не намагайтеся виправити ситуацію. Людям часто не потрібне виправлення, їм просто потрібна співчутлива людина, готова вислухати та розділити їхні почуття. Декілька слів підтримки на кшталт: "Так, я розумію", ось все, що їм може знадобитися.

Виявляйте щирий інтерес до життя, суспільства та людей. Коли ви знайомитесь з кимось, запитуйте такі питання, як "Звідки ви родом?", "Чим ви займаєтесь?", "Де ви проживаєте?". Будьте присутні у розмові, уважно слухайте і запам'ятовуйте відповіді. Приділення уваги людям є проявом любові до них, тому будьте готові присвятити час. Це емоційна віддача, яка допомагає людям почуватися у безпеці.

Перестаньте принижувати людей і не руйнуйте їхні зусилля. Якщо у вас є ефективніше рішення, ви можете запропонувати його ненав'язливо. Ніколи не намагайтеся вчити чи нав'язувати свою точку зору. Будьте обережні в тому, що ви кажете, щоб не образити чи налякати їх. Завжди намагайтеся створити умови безпеки для них.

Прийміть ці правила як частину особистого кодексу. Можливо, ви зіткнетеся з невдачами, як і всі ми, іноді будете роздратовані та втратите контроль над емоціями, але не зупиняйтесь, продовжуйте докладати зусиль і старань. Зрештою, справжня цінність полягає в тому, щоб полюбити життя, віддатися цьому чарівному досвіду і здобути глибоку прихильність до самого себе. Закохатися в життя - означає прийняти себе з любов'ю та співчуттям, усвідомлюючи свою унікальність та цінність. У цьому процесі ми також відкриваємо нашу здатність любити світ і людство в цілому. Поступово ми усвідомлюємо, що наше щастя та благополуччя пов'язані з любов'ю та турботою про інших. І таким чином, любов до себе та любов до людства стають невід'ємними частинами нашого життєвого шляху. Першу перешкоду на шляху до віддачі та благополуччя розглянули.

Занурившись в енергію любові, ви опановуєте мистецтво щедрості і розвиваєте свою духовність, що надає вам особливої чарівності. Таким чином, ви проходите духовне перетворення. Люди відгукуються на цю духовну красу і прагнуть спілкуватися з вами. Ваша емоційна підтримка та захист сяють милосердям та доброзичливістю для оточуючих. У суворому світі, де один вовк загризе іншого, зустріч із щирою і доброзичливою людиною, готовою надати допомогу, стає справжнім раєм.

Після того, як ви реалізуєте емоційну віддачу в житті, все інше стане природним проявом. Ваші фінансові дари або подарунки будуть ґрунтуватися на ваших можливостях і не обов'язково вимагатимуть великих витрат. Іноді невеликий, але уважно підібраний подарунок, який відповідає інтересам отримувача, цінується набагато більше, ніж дорогий предмет.

Отже, суть мистецтва віддачі та отримання полягає в тому, щоб подолати егоїзм та уникнути жадібності голодної кішки. Пам'ятайте: дефіциту немає, гроші – енергія, людина – також енергія, і обидва ці ресурси присутні на планеті Земля удосталь.

Відкривайтеся емоційно перед людьми і дозвольте їм бути поряд з вами, будьте щирими та емоційно щедрими, не позбавляйте їх позитиву чи надії. Завжди підтримуйте і ніколи не засуджуйте навіть якщо ви можете вважати їх ідеї трохи банальними.

Висловлюйте безумовну словесну та емоційну підтримку і якщо вам справді складно підтримати їх беззастережно, то принаймні намагайтеся зберігати нейтралітет.

Давайте порозмовляємо про отримання. Уявіть, що гроші кожної людини – ваша власність. Вживайте кроків, які допоможуть вам по-справжньому відчути, що світ належить вам. Завітайте до Національної Галереї в Лондоні або зайдіть у художню галерею у вашому місті та вдивіться у чудові витвори мистецтва, у своїй уяві, вкладіть їхні образи у своє серце. Таким чином вони стануть вашими. Підійдіть до вітрини ювелірного магазину і уявіть ці вишукані прикраси всередині себе. Це не що інше, як уявний дотик рукою до перлів, візьміть їх і помістіть у своєму серці. Тепер вони стали вашими, а не просто недосяжними предметами, які ви бачите через скло. Насолоджуйтесь поглядом на прекрасні речі життя та усвідомте, що вони належать вам.

Отже, затвердіть ці ідеї як справжні. Після цього візьміть тисячу фунтів з банку і постарайтеся завжди мати при собі не менше, скажімо, п'ятсот фунтів, навіть якщо це залишок ваших коштів. Якщо у вас немає можливості носити з собою п'ятсот фунтів прямо зараз, то погодьтеся на меншу суму, але завжди майте готівку у будь-якому випадку. Звичайно, якщо ви можете впоратися з більшою сумою, візьміть кілька тисяч. Не турбуйтеся про можливість втрати або негативні думки, пов'язані з можливим пограбуванням. Ви знаходитесь в гармонії з потоком життя, збалансовані та відповідальні за свої фінанси, ніхто не віднімати ме їх у вас. Насправді люди будуть стояти в черзі, щоб вам подарувати ще більше.

Розвивайте звичку завжди мати готівку при собі, усвідомлюючи, що ви перебуваєте в достатку і на вас чекає процвітання. Знаючи, що ви відповідальні і розумно розпоряджаєтесь своїми коштами, ви не ризикуєте стати банкротом, витративши всі свої гроші за десять хвилин, зрозуміло, якщо це не входить до ваших фінансових планів.

Давайте перевагу справжнім грошам, а не пластиковим карткам. Кредитні картки найчастіше асоціюються з недоліком, а не з достатком. Вони є інструментом, який звертається до нашого его, і тому картки є методом контролю над нами.

При використанні кредитних карток люди часто витрачають кошти, яких у них насправді немає, що викликає занепокоєння та страх, оскільки банківський рахунок може виявитися на нулі непомітно.

Тому рекомендується використовувати кредитні картки тільки в тих випадках, коли необхідно покращити кредитну історію або сплатити оренду автомобіля. В загальному, давайте перевагу готівці. Вона є реальна та допомагає вам відчувати себе багатим. Наявність грошей у вашій кишені підтверджує, що у вас є фінансові кошти і що ви відкриті для залучення ще більшого достатку, повірте у свою спроможність.

Коли приходять рахунки, намагайтеся оплачувати їх того ж дня. Якщо у вас ще немає необхідних коштів, наприклад, тому що ви чекаєте на день отримання зарплати, все одно заповніть чек сьогоднішньою датою, а потім залиште поле з датою порожнім або перенесіть його на майбутню дату. Ретельно складіть всі чеки, які вам доведеться сплатити, в конверти та залиште їх на столі в очікуванні вашої черги на оплату. Не дайте рахункам опанувати вашу надію.

Будьте готові негайно і на місці розплатитися готівкою за все, що вам потрібно. Адже в кінцевому рахунку, ви прагнете отримати все прямо зараз. Тому не суперечте цьому бажанню, утримуючись за гроші, які ви винні іншим. Скоротіть кількість рахунків та зайвих витрат, і пам'ятайте, що Всесвіт забезпечить вас у потрібний момент.

Якщо ваша заборгованість стала непосильною, і ви втратили контроль над ситуацією, розгляньте можливість подання заяви про банкрутство. Звільніться від усіх застарілих фінансових зобов'язань та прийміть відповідальність перед вашими кредиторами та Всесвітом за те, що ви неправильно керували своїм життям. Висловіть щиро своє шкодування з приводу неможливості виплатити своїх боргів. Після цього, ухваліть рішення більше не брати кредити.

Заявіть про свій фінансовий достаток та дисципліну, які дозволяють вам здійснювати розрахунки готівкою в міру потреби. Незабаром ви відчуєте, як ваше сприйняття світу змінюється. Ви перестаєте відчувати відчайдушну потребу виграти максимум часу для оплати рахунків, а натомість відчуєте безтурботність та спокій у своїй фінансовій подорожі. Оскільки ви здобули силу і контроль, ця зміна мислення з'єднує вас із Всесвітом і він починає працювати на вашу користь.

Ви можете стверджувати, що ваша стійкість та рішучість привертають до вас гроші. Однак спочатку вам потрібно подолати свій опір до віддачі. Цікаво, як усі ці процеси взаємопов'язані. Ваша рішучість і самоконтроль так само впливають на ці зміни. Також хочу нагадати, що вам потрібно практикуватись у прийнятті життєвих можливостей, якщо ви дійсно бажаєте отримувати більше. Я розповім про це більш докладно іншим разом, але двома словами хочу нагадати вам про це правило.

По-перше, не відмовляйтеся від подарунків, хоч би якими вони були марними, або страшними. Прийміть їх із вдячністю. Зрештою, якщо вам зовсім не подобається, завжди можна передарувати цю річ комусь іншому, хто оцінить її більше!

По-друге, завжди приймайте гроші з вдячністю. Якщо друзі пропонують оплатити вашу вечерю, дозвольте їм зробити це. Будьте ввічливі, висловіть свою вдячність і скажіть Всесвіту: "Дякую, що забезпечив мене вечерею". Якщо хтось хоче заплатити вам за невелику послугу, погодьтеся з цим. І ніколи не проходьте повз гроші на землі, не підбираючи, навіть якщо це здається дрібницею. Прийміть їх із вдячністю.

Не звертайте уваги на думки інших. Не варто говорити іншим, що ви занадто горді або напружені, щоб приймати безкоштовні дари та гроші. Всесвіт не розрізняє копійки від мільйонів. Якщо ви відмовляєтеся від копійки, Всесвіт може подумати, що ви не потребуєте грошей, і ви втрачаєте свої можливості. Прийміть все, що вам пропонують, навіть якщо це невеликі монети в бруді. Зробіть правилом ніколи не відмовлятися від того, що приходить до вас безкоштовно.

Метафізика

Ключовим фокусом метафізики є ефірне тіло та його проекція. Ваше ефірне поле, подібно до сонця, випромінює позитивну енергію і пожвавлює навколишній простір. Згадайте, що негативна енергія впливає на ефір, викликаючи його дезінтеграцію. Однак, чим більше позитивної енергії ви направляєте у зовнішній світ, тим ширшою стає ваша ефірна присутність. Це внутрішній процес, який змінює вас.

Випромінюйте свою енергію без слів. У міру того, як ви проходите повз людей, торкніться подумки їх сердець, наповнивши їх любов'ю і захопленням, навіть якщо вони вам незнайомі. Підтримуйте віру в людство і проектуйте доброту, впевненість та позитив. Якщо ви помічаєте, що комусь сумно, проектуйте поняття "безтурботності" чи "спокою". Якщо бачите, що вони злі, надсилайте енергію "миру". Не засуджуйте людей, розуміючи, що у них може бути невирішена внутрішня проблема, яка виникла дуже давно. Приймайте їх такими, якими вони є, навіть якщо їхня поведінка не ідеальна.

Встановіть для себе правило - ніколи не проходити повз людину на вулиці, не проявивши якоїсь доброти. Звичайно, якщо ви опинилися в жвавому районі Лондона в годину пік, де натовпи народу - понад десять тисяч людей, то не потрібно намагатися охопити всіх. Виберіть кілька, тут і там, і зупиніться на них, інакше ви просто виснажите себе. Але продовжуйте мовчки проектувати свою доброту на перехожих, як і без нашого відома ангели торкаються нас уві сні, не заявляючи про свою присутність.

Давайте поговоримо про засади енергетичного обміну. Отримання надходить з глибин наших внутрішніх світів. Коли ви віддаєте свою енергію позитивним і спокійним чином у наш зовнішній тривимірний світ, ви автоматично залучаєте нову енергію з джерел внутрішніх світів. Ця енергія приходить до вас, коли ви проектуєте свої наміри, так і під час нічного сну. Вона стає доступною для вас, наповнюючи ваше тіло новими силами та впливаючи на ваші внутрішні світи.

Енергія, яка надходить до вас, є чистим духовним світлом, і її присутність надає вам більше власної енергії та стійкості. Іноді це світло містить інформацію у вигляді думок, і ви раптово відчуваєте інтуїтивну необхідність придбати будівельну фанеру на суму сто тисяч фунтів, довіряючи цьому внутрішньому почуттю, робите закуп. Згодом, коли інші люди усвідомлюють, що будівельна фанера – хороший бізнес, її ціна різко зростає. Однак, завдяки внутрішній підказці, яку ви отримали кілька тижнів тому, ви вже заробили свої гроші і насолоджуєтеся пляжем, одночасно проектуючи слово "відпочинок" на людей, що проходять повз вас, вносячи в їх життя трохи зцілення.

У цьому світі, де практично кожна людина проектує невизначеність, деякі з них обирають заробіток, проектуючи страх, а уряди створюють цілі міністерства, присвячені підтримці певного рівня страху і напруги серед населення. Ця енергія діє як могутній чарівник, що вміло направляє вас в інший бік і забезпечує відчуття безпеки. Тихо, пошепки вона змінює вас, і з часом ця енергія буде тільки посилюватися.

Дія

Одним з найбільш корисних кроків, які ви можете зробити щодо циклу віддачі та отримання, є ведення щоденника подяки. Опра Вінфрі взяла на озброєння цю ідею і активно обговорювала її у своїй телепередачі. (До речі, рекомендую прочитати книгу "Подяка: спосіб життя" від Луїзи Хей та її колег Видавництво Hay House, 1997). Я не стежив за передачею Опри, проте можу поділитись цією технікою з вами, якщо ви з нею ще не знайомі.

Почніть вести щоденник подяки, де ви записуватимете всі речі, за які ви вдячні. Підходьте до цього із зобов'язанням та дисципліною. Опра пропонує записувати п'ять речей щодня. Це один із способів залучення достатку у своє життя.

У процесі подяки ви усвідомлюєте свій поточний стан. Факт того, що ви витрачаєте щодня, скажімо, п'ять хвилин на запис у щоденнику, свідчить про те, що ви дотримуєтеся своїх бажань і робите їх реальнішими. Ваш розум починає проектувати більше задоволення та менше відчуття недоліку, і як результат, до вас притягуються більше позитивних подій та речей.

РОЗДІЛ IX

Честь, Правда та Достаток

Концепція

При обговоренні честі виникають певні складнощі. Іноді навіть невеликі жести можуть показати людину у світлі величності що заслуговує на повагу, наприклад, великого Короля Данила Галицького. Хоча це може здатися трохи парадоксальним та смішним. У будь-якому випадку, я спробую коротко пояснити, наскільки це можливо.

Коли ви усвідомлюєте себе поза своїм фізичним тілом, ви починаєте бачити життя по-новому. Я особисто пережив цей досвід, побувавши в трансі, поза тілом та іншими досвідами перебуваючи на межі смерті. Кожен із цих дослідів дав мені унікальне уявлення про "перегляд життя". Однак, якщо ваше життя було сповнене жахів, підлості, ненависті, обману та тому подібного, то це щось, чого вам не захочеться побачити. Духовний перегляд життя може стати надзвичайно болючим, якщо ви не вживатимете заходів зараз, щоб змінити його.

У вас є можливість переосмислити своє життя на метафізичному та духовному рівні, приймаючи свої помилки як цінні уроки. Ви розумієте, що Сила Бога переповнена співчуттям, і кожен з нас стикається з темрявою через свої слабкості та страхи. Важливо також зрозуміти, що люди, на яких ви вплинули своєю темрявою, несуть свою метафізичну відповідальність. Можливо, вони самі створили або підтримували негативну енергію, яка привела вас у їхнє життя, або у них були інші можливості, якими вони не скористалися.

Якщо розглядати випадки дітей, які зазнали насильства, то вони виявляються позбавленими вибору, оскільки народжуються в оточенні негативу. Однак, навіть якщо темрява була частиною вашого життя, у вас все ще є можливість здійснити духовне перетворення і зцілення, поки ви живі. Важливо почати з усвідомлення своєї темної сторони і бути готовим її відпустити, оскільки вона часто пригнічена глибоко всередині нас. Потім, коли ви будете готові, приділіть кілька днів самому собі у відокремленому та спокійному місці. Оточіть себе тишею, постіться, займайтеся медитацією та молитвою.

Не варто чинити опір процесу, дозвольте йому вплинути на вас. І як тільки ви пройдете через цей процес, все, що вам потрібно зробити, - усвідомити свої вчинки. Це означає, що вам потрібно розібратися у своїй провині. Усвідомлення полягає в тому, щоб визнати, що ви спричинили біль іншим і відчути те, що вони відчували, коли вони були налякані або засмучені через ваші дії. Можливо, ви давили їх, викликаючи пригнічення, або вони пішли з життя не від вашого прямого втручання, а через ваш негативний вплив, такий тяжкий, що призвело до смертельної хвороби.

Скористайтеся трьома днями тиші та усамітнення, щоб направити світло на свої темні сторони, позбутися гніву та ворожості та визнати свої помилки. Це допоможе вам пройти через процес розкаяння та спокути своєї провини.

Розкаяння і спокута часто асоціюються з важкими релігійними образами, начебто небеса згущуються, вогняні кулі котяться на землю, і цілі міста спалахують полум'ям. Однак, насправді, процес розкаяння і спокути пронизаний всемогутнім співчуттям, якщо ви підходите до нього правильно. Розкаяння – це прояв співчуття до своїх вчинків та усвідомлення власної відповідальності, а спокута - це те, що ви робите, щоб виправити ситуацію.

У кожному з нас існує таємнича темрява, іноді вона сильно виражена, а іноді менш помітна, тому немає потреби відчувати надмірну провину. Однак, неможливо досягти істинного Світла, не торкаючись своєї темної сторони. Ідея про те, що ви можете повністю уникнути темряви, просто бути постійно позитивною людиною, є метафізично примітивною. Безсумнівно, ви можете тимчасово уникати її, проектуючи Світло і створюючи позитивну енергію навколо себе, але, зрештою, темрява існує, і рано чи пізно ви зіткнетеся з нею віч-на-віч. Рудольф Штайнер у своїх роботах назвав цю темряву "Охоронцем Порогу". Я завжди представляв цього охоронця, як істоту, що зустрічається на вашому шляху, яка знає всі ваші слабкості і може маніпулювати ними в будь-який момент, він готовий поглинути вас, якщо ви не знайдете достатньо мужності, щоб протистояти йому.

Навіть у найсвятіших людей є темна сторона. Якщо вони кажуть, що вони не мають її, то вони святі люди з достатньою кількістю брехні та заперечення, і це саме по собі може бути темрявою. Навіть Ісус провів сорок днів у пустелі, працюючи над своєю тіньовою стороною, наражаючись на спокуси.

У міру вашого зростання та розширення енергії, ви стаєте чудовим джерелом Світла. Шляхом прагнення до честі і шляхетності, ви розширюєте свою внутрішню сферу Світла, яка привертає увагу темних сил, що блукають навколо, з метою намацати ваші слабкості і використовувати вашу енергію для власних цілей. У суспільстві багато людей вірять, що в них немає темноти чи, що вони вже повністю позбулися її, але, це не відповідає дійсності. Фактично більшість просто придушила свою темну сторону глибоко всередині себе, і вона залишається непомітною.

У прагненні до кращої версії себе ви напевно замислювалися про те, як побудувати майбутні відносини на міцних засадах. Для цього важливо не лише працювати над собою, а й стежити за тим, як ви взаємодієте з іншими людьми. Адже якщо ви хочете, щоб ваші відносини були щирими та відритими, то й усі ваші поточні фінансові операції мають бути чесними та відвертими. Не варто шукати легких шляхів, обманюючи людей і порушуючи правила, бо це лише підірве вашу надійність та довіру оточуючих. Будьте справедливі, чесні та коректні з людьми у всьому, що ви робите, і ви обов'язково заслужите повагу та довіру.

Ключовий аспект вашого розвитку – це відновлення почуття честі. Що означає жити в своїй істині і проявляти цю чесність у своїх вчинках, а не вдаватися до прихованих маніпуляцій. З самого дитинства нам вселяють використання хитрощів і обману для досягнення своїх цілей, і ми звикаємо до цього, не рахуючи це шахрайством. Але це саме, що не на є, шахрайство, і це – факт. У нашому суспільстві панує темрява, а наші лідери заохочують підлість та корупцію, показуючи погані приклади. Крізь брехню, політичні хитрощі та зловживання владою вони намагаються підтримувати свої потреби. Однак, ви можете змінити цей порочний цикл і відновити чесність у своєму житті. Покажіть іншим, що можна стояти в житті прямо, бути щирими та правдивими, і тим самим станьте світлим прикладом для оточуючих.

Люди помилково вважають, що бути підступним, хитрим, потайливим та маніпулятивним – нормально. Однак це далеко від нормального, це велика темрява, яку вони не усвідомлюють. Прагнення до влади та контролю над іншими також пронизане темрявою. Джерелом такої сили може бути фізична перевага, фінансові, політичні чи військові привілеї. Іноді ми навіть стаємо майстрами в сексуальних та емоційних маніпуляціях, виснажуючи інших своїми гнітючими впливами.

Майже кожен із нас стикається зі спокусою зловжити своєю владою – це уроки які ми маємо опанувати. Попри всі складнощі, ми повинні прагнути духовного та матеріального розвитку, не дозволяючи собі зловживати своїм становищем. Це вимагає величезного зусилля, і багато хто з нас робить помилки. Деякі люди мають просто жагу влади. Їм приносить задоволення емоційно чи психічно підпорядковувати та маніпулювати іншими. Це є згубною кармою.

Також нас навчають брехні, перебільшень та приховування фактів. Ми використовуємо хитрощі, щоб підтримувати фальшиві образи, проживаючи подвійне життя. Але для тих, хто прагне просвітлення, всі ці пастки стають перешкодами, які потрібно подолати, тому що, коли ви брешете, ви брешете собі. Коли ви дурите, ви дурите себе. Коли ви маніпулюєте, ви будуєте в'язницю для себе та своїх жертв. Зрештою всі ваші дії спрямовані на себе.

Метафізика

Духовний шлях честі простий, але потребує сміливості. Не можна сховатися від істини, тому потрібно розкритися, упокоритися і прийняти правду, працюючи над своїми недоліками. Кожен з нас має свої страхи, ненависть і ворожість, ми всі в якийсь момент зраджували фінансово, емоційно чи сексуально. Ми всі маємо свої гріхи. Розгляд та аналіз життєвого досвіду допомагає переписати свою історію. Це може спричинити страждання і викликати "темну ніч душі", але це проходить, коли ми прощаємо себе. Поступово нескінченна сила всередині змінює нас наповнюючи новим світлом що допомагає нам відновитися. Так ми завершуємо свій акт розкаяння.

Дія

Спокута є актом творення добра. Тому, якщо це можливо, ви повертаєтесь назад і розраховуєтесь з тими, кого обманули; ви просите прощення у тих, кого образили, або відшкодовуєте свою провину через благодійні вчинки та добрі справи. Можливо, ви не в змозі повністю погасити свій обов'язок, у такому разі можна зробити пожертву на будь-яку справу, від якої вони могли б отримати користь.

Спокута полягає у прийнятті повної відповідальності за свої вчинки без зайвих пояснень та виправдань. Вона заснована на усвідомленні того, що ви завдали біль іншим людям, чи то через те, як вас виховали в дитинстві, чи через те, що дозволили страхам і слабкостям зіштовхнути вас зі шляху.

Ви повинні засвоїти зобов'язання ставитись до людей висловлюючи любов і доброту до кінця вашого життя, виправляючи тим самим завданий біль. Мені здається, що прості вибачення та слова жалю недостатні. Іноді потрібні конкретні дії.

Неважливо, скільки грошей у вас є і скільки досвіду ви набули, якщо ви не живете з честю та в правді, ваше життя не має сенсу. Додайте поняття честі у своє життя, щоб досягти добробуту і залучити нову енергію. Прагніть жити бездоганно у всіх напрямках, включаючи фінансову, емоційну та сексуальну частину життя. Якщо у вас є влада, будьте доброзичливими і виявляйте людяність у стосунках з іншими.

РОЗДІЛ X

Любов, Співчуття та Гроші

Концепція

Більшість людей мають труднощі у розумінні того, як гроші, кохання та співчуття взаємопов'язані. Ідея того, що гроші можуть бути виразом любові, здається дивною та незрозумілою. Наше запрограмоване мислення не дозволяє нам побачити глибокий зв'язок між ними. Однак, є концепція, яка дозволить вам глянути на це з новою перспективою.

Усередині кожного з нас відбувається безперервна психологічна битва між самокритикою та самолюбством. Ця внутрішня боротьба є невід'ємною частиною нашого прагнення до життя та подолання смерті, до створення та виснаження енергії. Зазначені проблеми безпосередньо пов'язані з нашим ставленням до добробуту та любові, і вони мають величезний вплив на нашу здатність залучати багатство та достаток у наше життя.

Основна ідея полягає в тому, що перед вашим народженням ви існували як вічний дух у духовній сфері. У цьому духовному вимірі ваша душевна пам'ять про ваше істинне Вище "Я" існує вічно і відображає вашу сутність у різних формах з початку часів. Однак, раптово, енергія вашого духу виявляється ув'язненою в маленькому тілі, де вона проводить все своє життя, накопичуючи новий досвід під час цієї подорожі.

Акт інкарнації у фізичне тіло є проявом сходження, коли пишність духовного світу залишається позаду, а ми вступаємо в обмеження та щільність матеріального існування. У цих фізичних та емоційних обмеженнях може проявлятися неблагополуччя, пов'язане з сімейними проблемами, бідністю, інвалідністю та іншими труднощами.

Прийняття такого унікального способу навчання є святим і смиренним вчинком. Обмеження, з якими стикаємося, сприяють зміцненню нашої енергії, переводячи її від невизначеної хвилі до конкретних частинок нашого тіла. Цей процес включає подолання психологічних перешкод, які допомагають нам пізнати, що означає бути людиною.

Перешкоди, з якими ми стикаємося, не мають істотного значення для нашої духовної сутності. Вони були накладені і передані нам від попередніх поколінь, будучи частиною спільної колективної думки на момент нашого народження. Важливо зрозуміти, що вони не є нашою істинною сутністю. Усередині вас перебуває духовна нескінченність, непохитна і непроникна. Вона не може бути зневаженою, приниженою, обділеною, підданою хворобам, образам або травмам, оскільки вона втілює незмінну іскру божественної свідомості.

Багато людей запитують, чому Бог, який втілює любов і співчуття, допускає наявність болю і страждань у світі. Однак, важливо зауважити, що ваша духовна сутність, ваше справжнє Вище "Я", не зазнає жодного болю чи страждання. Воно завжди перебуває у стані благодаті та позитиву незважаючи на те, що его може відчувати хворобливі спогади.

Коли діти виростають, у їхній підсвідомості накопичуються негативні обмеження, які зумовлені їхньою культурою, суспільством та колективним розумом. Отже, ваше завдання полягає в тому, щоб переступити ці межі та поєднатися з вашою справжньою сутністю – вашим духовним Вищим "Я". Мета нашого життєвого семінару полягає в тому, щоб перетворити негативні емоції на співчуття та любов. Іншими словами, ви прагнете відтворити свою духовну ідентичність у цьому повільному тривимірному світі.

Почнемо з розгляду почуття сорому. У ранньому дитинстві ми відчуваємо сором, коли на нас кричать, проявляють гнів, дорікають за те, що ми не володіємо навичками використання горщика та інше. Згодом цей сором може перетворитися на почуття неповноцінності, коли наші дії та рішення схильні до критики. Пізніше може виникнути сексуальний сором, коли ми усвідомлюємо, що наша зовнішня привабливість не знаходить відгуку в інших, або коли ми надто люб'язні та стаємо предметом використання іншими людьми. На жаль, у деяких випадках дитинство може бути порушене сексуальним насильством.

Психологічний сором починає формуватися, коли підлітками ми зазнаємо натиску з боку своїх однолітків. У цьому віці нам нав'язують стандарти того, якими ми маємо бути, щоб бути визнаними "крутими" у суспільстві колективної несвідомості. Якщо ми не дотримуємося цих стандартів ми стаємо чорною вівцею і виділяємося з натовпу, нас піддають остракізму та засудженню. Нам кажуть, що конформізм – шлях до успіху, навіть якщо цей конформізм пов'язаний із негативними явищами, такими як хуліганство чи вживання наркотиків. Цікаво, що в бунтарстві та контркультурі також існує свій власний вид конформізму, так само, як і вплив суспільства Tik – Tok.

Досягши зрілого віку, ми вже чимало пережили і зіткнулися з безліччю болючих ситуацій, які змушують нас почуватися заплутаними та невпевненими. Ми неодноразово були пригнічені, і можливо, нам здається, що ми не заслуговуємо на повагу і любов. Ми хочемо змінитись, бути іншими людьми, не схожими на себе. І хоча ми можемо згадати уві сні, що наша душа безсмертна, цей спогад здається нам таким далеким і невловимим. Зараз ми тут, як люди, які відчувають ненависть і біль, і не знають, як впоратися з цими емоціями.

Іншим значимим аспектом, пов'язаним із життям та смертю, є взаємодія високої та низької енергії. Нам доведеться впоратися зі своїми страхами та обмеженнями, щоб відновити свою справжню духовну сутність, яка перебуває у вимірі любові. Тому кохання відіграє важливу роль.

Насамперед, це любов до себе – не егоцентричне та самозакохане почуття, а скоріше фізична, емоційна, психологічна та духовна повага до себе та свого тіла. Чи можемо ми полюбити себе незалежно від усього, що нам говорили незважаючи на наші помилки та невдачі, на нашу зовнішність, наших обмежень, відсутність здібностей чи ще чогось. Ось у чому полягає суть цього семінару життя.

Спочатку ми схильні давати негативну відповідь і починаємо відчувати неприязнь до себе. Ми використовуємо наркотики, секс або ілюзії влади, щоб замаскувати біль. Або ми вдаємся до перевтоми та вживання алкоголю, щоб забути все це, стаючи в'язнями нашої залежності. Ми помилково вважаємо, що якби умови були іншими, якби у нас було більше грошей, якби нас оточували інші обставини або якби деякі люди поступали по іншому, ми були б щасливі. Ми прагнемо, щоб усі любили нас і щоб все було ідеально.

Ця історія повсякденного життя багатьох людей. Неприязнь до себе стає перепоною на шляху до успіху, включаючи фінансову незалежність, оскільки в кінцевому рахунку вони втрачають мотивацію переслідувати свої цілі.

Існує тонкий баланс отримання грошей. Часто це потребує певного виду активності, що віддаляє вас від вашого істинного Вищого "Я". Це виснажує вашу енергію і робить вас вразливими, але ви завжди в безпеці.

Усередині вас прихована безпека, яку ви прагнете знайти. Вона може бути досягнена через прозріння зцілення, про яке ми говорили у попередньому розділі. Це акт істинної любові до себе - прояв прийняття, усвідомлення і прощення.

Момент, коли ви прокидаєтеся і усвідомлюєте, що ви вже не той невпевнений підліток із проблемною шкірою, над ким насміхались, і хто був виключений із групи. Ви сильний і вічний дух, пронизаний свідомістю Христа, з місією, яку необхідно виконати, освоюючи уроки життя. Ви є духом, що володіє необмеженою честю і цілісністю, що має доступ до нескінченного джерела інформації.

У світі немає ідеальних людей. Ми не прагнемо змагатися у досягненні досконалості. Ми можемо полюбити себе і залишатися недосконалим так само, як Господь, безумовно, любить нас. Мене завжди приваблює образ бобра – скромної та маленької істоти, яка досліджує брудні береги затоки. Він може здатися незначним, але він просто сидить на колоді біля води таким, яким є. Він не вибачається за те, що є бобром, а просто перебуває в обіймах божественної та духовної енергії, яка проявляється у вигляді цього тваринного духу "бобра".

Ви унікальні та неповторні. Ви можете стати прекрасним Адонісом, що прагне самовдосконалення, або ж неймовірною енергією богині. А можливо, ви всього лише бобер, який стоїть перед дзеркалом у ванній вранці і каже: "Я бобер, такий, який я є, і це чудово. Мені не потрібно переконувати інших або підлаштовуватися під їх очікування. Мені не потрібно шукати схвалення або купувати кохання. Я приймаю і люблю себе. Я стверджую себе, вірю в себе і прагну до честі. Я звертаюся з повагою до інших людей і справедливо ставлюся до них. Я ставлюся до себе з гідністю розуміючи, що піклування про себе дозволяє моїй енергії зростати і забезпечує мені безпеку. Я знаю, що гроші забезпечують мені стабільність і віддаляють від небезпек. Тому, будучи більш захищеним, я стаю успішнішим".

Ваша недостатня впевненість у собі відштовхує людей. Коли вони вирішують довірити вам свої гроші, вони передають частину своєї власної безпеки. У той момент, коли вони перераховують гроші, їм потрібно відчувати впевненість і переконаність у тому, що натомість вони отримують щось цінне і що їхня енергія не зникає даремно. Якщо ви проявляєте впевненість, стриманість та випромінюєте відчуття безпеки, люди відчувають це і з більшою легкістю довіряють вам свої гроші.

Ось чому відсутність самолюбства знижує ваші шанси на фінансовий успіх. По-перше, як я вже казав, коли у вас недостатня впевненість у собі, вам важко покластися на свої власні здібності. По-друге, ваша невпевненість відбивається на інших людях, викликаючи у них сумніви, що станеться, коли вони вирішать довірити вам свої гроші.

Висловлюючи життєву енергію, любов і впевненість і надихаючи людей своїми словами, ви проявляєте співчуття до їхньої невпевненості. У цьому процесі ви стаєте сильнішими і багатшими. Ви стаєте своєрідним духовним цілителем, пропонуючи людям кисневу маску життя, що приносить добро і надає їм силу, щоб вони змогли подолати свої страхи. Люди будуть реагувати на цю життєву енергію, і тоді ви зможете вирішити, якою буде ваша винагорода за свою допомогу.

Гроші не просто є символом нашої життєвої сили та вдячності, але також можуть виражати нашу любов та допомогу ближнім. Коли ми перераховуємо гроші, ми вкладаємо своє кохання та час у спілкування з іншими людьми. Це проста система допомоги та турботи, яка дозволяє висловлювати щедрість і доброту до тих, хто потребує нашої підтримки.

Метафізика

Зрозуміти енергетичне протистояння – завдання нескладне. Ми виробляємо енергію та використовуємо її в нашому повсякденному житті. Сучасне суспільство з його емоційними та хімічними забрудненнями загрожує нам повсякденно. Більшість людей перебувають у стані дисбалансу та відчувають страх. Ми постійно вагаємось між любов'ю та страхом, і щоб зберегти гармонію, ми прагнемо знайти джерела життєвої енергії. Коли ми нервуємо і хвилюємося, ми витрачаємо ще більше енергії і стаємо більш дратівливими.

Ми віримо, що накопичення багатства допоможе нам досягти щастя, тому поспішно прагнемо до нього. Часто ми вдаємся до важкої праці, щоб уникнути своїх страхів. Коли наше життя стає складним, ми вже не можемо обійтися без великого запасу енергії та сили его, щоб підтримати себе. Наша енергія вичерпується, і ми стаємо жертвами своєї власної ненависті до себе. Ми губимося у світі хибного "Я" - нашого его, заперечуючи собі перебувати в гармонії з найвищою істинною сутністю - нашим Вищим "Я". Поступово ми замикаємось на собі, існуючи в порожнечі та самоті.

Це викликає у нас тривогу, тому ми прагнемо знайти тих, чиєю енергією можемо харчуватись, щоб зберегти себе. Але коли ми намагаємося отримати енергію від інших, вони не приймають це з радістю. У відповідь вони тікають не обертаючись.

Коли ви починаєте любити і піклуватися про себе, вкладаючи в свій зріст і безпеку, ви стаєте все більш нейтральними і менше залежите від енергії інших. Згодом ви знайдете надлишок енергії, який може бути використаний у корисних справах. Таким чином, ви розвиваєте співчуття і піклуєтесь про світ і людей, що оточують вас.

А тепер давайте розглянемо ситуацію, коли гроші включено до процесу. Вони відіграють важливу роль, оскільки, купуючи і витрачаючи гроші, ми усвідомлюємо складний баланс, про який я згадував у першому розділі. Робота, гроші та комерційна діяльність явно демонструють існування енергетичного компромісу між активністю та безпекою, а також між любов'ю та страхом. Далі йде урок про значущість віддачі та отримання грошей, а потім ми заглибимося в урок про тонкий баланс між повагою до себе, збереженням власної гідності та повагою до інших.

Спосіб, яким ви заробляєте гроші, щоб здобути необхідний досвід у цьому житті, а також ваше поводження з багатством, стануть невід'ємною частиною фінального духовного полотна, яке ви побачите, коли ваше вічне Вище "Я" повернеться на свою Нескінченну Батьківщину, несучи з собою спогади про ваші прояви у цьому житті. Гроші, співчуття, енергія, біль, любов, страх, багатство, щедрість, жорстокість – усі вони виступають у ролі персонажів на великій духовній сцені. Мистецтво полягає в тому, щоб вирівнятися з прекрасним, відкинути потворність і прийняти дари свого нескінченного Вищого "Я" на протязі цього процесу життя.

Дія

Співчуття та гроші – це, коли ви відчуваєте комфорт у житті та впевнені у стані свого банківського рахунку. Важливо бути добрим до себе, вміти контролювати своє его і приймати життя таким, яким воно є. Інакше ваше его може спонукати вас працювати тільки для власного задоволення, навіть якщо це буде на короткий час.

Коли ви досягнете гармонії із самим собою, виникає внутрішнє співчуття. Вам більше не знадобиться бігати по магазинах, щоб забутися. Осягаючи усвідомленість, ваша присутність у реальному світі стає більш відчутною. Позбавляючись зайвих речей і зобов'язань, ви знайдете баланс і спокій, стаєте менш роздратованим і без маніакально-депресійного психозу. Ви перестаєте бути в'язнем метушні та стресу, а ваше самопочуття значно покращиться.

Не забувайте щодня приділяти час для того, щоб зробити щось добре для себе. Тут я не говорю про те, щоб просто купити собі сніданок, а про те, щоб присвятити час заняттям, які сприяють вашому духовному та фізичному розвитку: масаж, голодування, медитація, фізичні вправи, відпочинок, ігри – подібні речі. Адже саме в тихих моментах ви пізнаєте справжню цінність життя і переходите від тривоги до гармонії душі. Ви усвідомлюєте, що багато речей, про які ви турбуєтеся, не варті ваших турбот. У моменти спокою ви зрозумієте, що справді має цінність для вас, а що лише порожні слова та рекламні обіцянки.

Після возз'єднання з вашим внутрішнім Вищим "Я" ви зможете спрямувати всю свою енергію на те, щоб стати тим, ким вам по-справжньому призначено бути. Ваше перетворення має стати невід'ємною частиною вашої особистої історії в цьому житті, адже просто заробляти гроші недостатньо, вам потрібно прагнути того, що має глибокий сенс. Ви будете прагнути створювати незабутні спогади в різних місцях, але при цьому вам також важливо бути оточеним любов'ю, дружбою і займатися тим, що дійсно приносить вам радість.

Так, це історія вашого життя, виключно ваша. Відкладіть убік дрібні сумніви та самокритику. Настав час прийняти рішучі дії і втілити вашу велику задумку, адже зараз настав ваш час. Все, що потрібно від вас, це погодитися зробити крок уперед і взяти те, що вам належить. Тому повністю прийміть себе та вірте у свої сили. Подивіться світу в обличчя і впевнено скажіть: "Я - це я, і до речі, це коштує мільйон фунтів. Дякую".

План Дій

Візьміть аркуш паперу і в порядку важливості, перерахуйте ті речі та умови, які ви хочете отримати. Не давайте розуму можливість "радити" вам, він має свої обмеження. Прагніть найвищих цілей і переконайтеся, що нічого не пропустили. Вносіть зміни до свого списку, доки ви не будете повністю задоволені ним, але важливо бути ясним у тому, що ви дійсно хочете. Використовуйте чіткі та точні формулювання, щоб описати необхідні вам умови. Пам'ятайте, що ця система працює, тому будьте певні, як ви описуєте свої потреби.

Концентруйтеся на наступних діях, які допоможуть вам:

а). Регулярно переглядайте свій список бажань тричі на день: вранці після пробудження, у середині дня та перед сном. Це допоможе вам підтримувати ясність та концентрацію на ваших цілях.

б). Приділяйте час медитації та свідомо фокусуйтеся на своїх бажаннях. Переконайтеся, що ви повністю усвідомили, що Всесвіт прийняв ваше замовлення і готується його виконати.

в). Зберігайте свої плани в таємниці та не розголошуйте їх. Розмови про ваші плани можуть розсіяти енергію та порушити магію їх здійснення. Діліться своїми здобутками, коли вони вже стануть реальністю.

г). Завжди дійте та думайте відповідно до того, чого ви бажаєте. Повірте, що у вас вже є умови, необхідні для досягнення ваших цілей. Ваша віра та активні дії допоможуть вам залучити бажане.

д). Будьте відкриті внутрішнім спонуканням та інтуїції, які походять від необмеженого джерела енергії. Вони будуть спонукати вас, на досягнення того, чого ви бажаєте.

Пам'ятайте, що Всесвіт має здатність принести у фізичний світ те, що ви бажаєте. Будьте готові прийняти від будь-якого джерела та не обмежуйте свої очікування. Будьте гнучкими та відкритими для нових можливостей, які можуть з'явитись на вашому шляху.

Припустимо, ви плануєте щось важливе, і вам потрібна висока енергія. Уявімо, що вас чекає співбесіда. Ви включаєте цю знаменну подію у свій список великих справ, де Всесвіт відкриває вам двері, і ви вже на півдорозі до успіху.

Ось що вам слід зробити:

1. Продовжуйте уявляти, як ваш запит перетворюється на фізичну реальність. Погляньте на зустріч за 72 години до співбесіди, а потім відкладіть її убік, повністю забувши про неї.

2. У день співбесіди встаньте раніше. Приділіть собі якнайбільше часу. Уникайте конфліктів у спілкуванні з іншими. Звертайтеся до Всесвіту, ясно демонструючи вашу готовність і прагнення прийняти те, про що ви просите.

3. Утримайтеся від речовин, здатних знижувати енергетичний рівень, таких як алкоголь та наркотики.

4. Харчуйтесь легко і дозвольте Живому Духу проявлятися всередині вас і через вас. Якщо ви вживаєте занадто багато важкої їжі, ваша енергія сповільнюється, що ускладнить вираження Живого Духа. Перевагу слід віддавати салатам, фруктам та натуральній,

здоровій їжі, що вживається в помірних кількостях. Уникайте марної їжі такої як піца та бургери.

5. Перед виходом на співбесіду сядьте та розслабтеся. Розглядайте ситуацію як щось гармонійне та сприятливе. Уявіть успішне проходження інтерв'ю та досягнення вашого чудового бажання.

На завершення, давайте підведемо підсумок обговорення, як встановити енергію сили навколо вас. За своєю природою негативний напрямок вашого его може викликати сумніви в тому, що ваші плани будь-коли здійсняться.

Щоб досягти повного успіху, необхідно постійно долати сумніви вашого розуму. Нагадайте собі, що ви не є вашим розумом і не приймаєте енергію, яка суперечить вашим цілям. Використовуючи позитивні твердження у своєму житті, ви створюєте позитивний спосіб мислення та настрій, які можуть впливати на вашу поведінку та результати. Ваші твердження можуть бути спрямовані на підтвердження та залучення бажаних змін та дослідів.

На паперовому аркуші запишіть дев'ять тверджень, які відображають вашу віру в себе та повне самоствердження у цьому житті. Три твердження на ранок, три на день та три на вечір. Перед тим, як почати перегляд вашого списку, розслабтеся, зосередьте свій розум на цьому і потім повільно прочитайте свої твердження. Надайте їм силу, переконайтеся, що ви відчуваєте їхню міцність і що вони мають особливе значення для вас. Слова і почуття, в які ви вірите, несуть в собі неперевершену енергію.

Наступні приклади допоможуть вам створити свої власні твердження:

o Я маю внутрішню силу, я позитивно налаштований, і всі події, що відбуваються цього дня, сприяють моєму добробуту.

o Я випромінюю красу і притягую у своє життя лише прекрасні речі, які оживляють цей день.

o Сьогодні - день гармонії, де я повністю усвідомлюю своє тіло та його потреби.

o Я вічний, безсмертний і необмежений. У кожний момент свого життя я бачу лише красу та силу.

o Я бачу красу у всіх людях, яких притягую до себе, і те, що я пропоную, зміцнює та освіжає їхню сутність.

o Те, ким я є, не має меж. Я не засуджую еволюцію інших, оскільки те, ким вони стали, служить їхньому вищому благу.

o Кожна моя дія у цей день є проявом божественної сили. Таким чином, кожен мій крок є частиною моєї нескінченної творчості.

o Немає справжнього гріха, є лише енергія. Я завжди дотримуюся енергії свого внутрішнього розвитку, і нехай буде так.

o Я завжди відкритий для спілкування з моїм Вищим "Я" в будь-який час, і це спілкування веде мене до мого вищого розвитку.

o Я дякую за красу цього дня, і нехай енергія цієї ночі принесе відновлення та перегляд подій минулого дня.

Ваші твердження діють, як маленькі гілочки у вогні. Коли ви встаєте вранці, ви починаєте будувати енергію на весь день. Використовуйте свої твердження, щоб підтримувати цю енергію. Сконцентруйтеся на мить, щоб усвідомити вашу нескінченну красу та ваше усвідомлення реальності.

Якщо ви втягнуті в міжособистісний конфлікт, знайдіть кілька хвилин, щоб відновити свою енергію, і перед тим, як розпочати новий день, переконайтеся, що ваша енергія сильна. Якщо ви дбаєте про свою силу, знаходитеся в балансі і зосереджені на своєму житті, вам не може бути заподіяно шкоди.

Щодня створюйте свою реальність так, як бажаєте її бачити. Уявляйте, що все йде як заплановано та успішно. Зустрічайте кожну людину з позитивним настроєм та відкритістю, поширюючи свою енергію. Використовуйте кожен досвід для гармонійного розвитку та зростання.

Перед тим, як розпочати свої справи, зверніть увагу на яскраве світло Живого Духа, що оточує вас. Воно служить вашим захистом і зміцнює вас у вашому житті. Вірти, що сила цього світла прямо пропорційна вашій власній вірі у себе. Це світло є вашим щитом, який необхідно періодично відновлювати, уявляючи його силу та яскравість. Підтверджуйте, що ви є невід'ємною частиною Живого Духа і що кожен момент вашого життя принесе вам радість і навчання.

Ви маєте унікальний дар, який знаходиться всередині вас і цей дар не має меж. Ваш потенціал нескінченний, і він очікує, щоб ви використали його і розкрили свою справжню спадщину. Коли ви повністю усвідомлюєте свою сутність, Сила завжди супроводжуватиме вас на вашому шляху. Вона буде підтримувати вас, допомагаючи вам досягненню ваших цілей та розкриттю вашого потенціалу.

Розмова з Собою

Розмова з собою є одним із ключових механізмів у досягненні успіху. З точки зору самоконтролю і саморозвитку, програмування розуму заслуговує на більшу увагу, що є темою для окремої книги. Тому буквально кількома словами пропоную вам основи розмови із собою для загального розуміння.

Розмова з собою, також відомий як внутрішній монолог чи само-звернення, є психологічним феноменом, який відбувається, коли ми звертаємося до себе та проводимо внутрішній діалог у думках чи вголос. У нейропсихології розмова з собою розглядається як форма саморегуляції та самоконтролю, яка відіграє важливу роль у когнітивних процесах та психічному функціонуванні.

Внутрішній монолог включає активацію розмовних механізмів мозку та відтворення звуків і слів у думках чи вголос, навіть якщо ніхто не присутній. Дослідження показують, що активність мозку при внутрішньому монолозі багато в чому схожа на активність при звичайному озвучуванні думок у спілкуванні з іншими людьми.

Розмова з собою має кілька функцій та ефектів на психічний стан та поведінку:

1. *Регулювання та контроль емоцій:* Внутрішній монолог може допомогти нам усвідомлювати та регулювати свої емоції. Спілкування із собою може допомогти висловити та зрозуміти емоційні реакції, оцінити їх та вибрати адекватні стратегії врегулювання.

2. *Підтримка концентрації та планування:* Розмова з собою може допомогти у зосередженні уваги та плануванні дій. Проведення внутрішнього діалогу

255

дозволяє обробляти думки, формулювати цілі та розробляти стратегії досягнення цих цілей.

3. *Вирішення проблем та прийняття рішень:* Внутрішній монолог може допомогти в аналізі проблемних ситуацій, генерації та прийнятті альтернативних рішень. Через спілкування із самим собою ми можемо зважити різні аргументи та обґрунтувати свій вибір.

4. *Саморегуляція та само-мотивація:* Розмова із собою може бути засобом саморегуляції та само-мотивації. Ми можемо давати собі позитивні настанови, підтримувати себе у важкі моменти і мотивувати себе досягнення поставлених цілей.

Розмова з собою є нормальним та поширеним явищем у повсякденному житті людей. Вона може бути корисним інструментом саморегуляції та саморозвитку, що допомагає нам краще розуміти себе, приймати рішення і досягати успіху в різних сферах життя.

Що говорити, коли розмовляєте з собою

П'ять кроків, щоб контролювати свій успіх чи невдачу:

Поведінка - Що ви робите чи чого ви не робите.

Почуття - Ваші почуття створюються, контролюються, визначаються або схильні до впливу вашого відношення.

Погляди - Ваші погляди створюються, контролюються, визначаються або схильні до впливу ваших переконань чи вірувань.

Віра - Ваші переконання створені та контролюються лише вашим програмуванням.

Програмування - У розмові із самим собою ви вкладаєте у свій мозок те, що отримаєте у відповідь у своєму житті. Ваша підсвідомість повірить у все, що ви скажете. Якщо говорити це досить часто та досить впевнено.

П'ять рівнів Розмови з Собою:

Рівень 1 - Монолог відображає все, від ваших найпростіших побоювань до найстрашніших страхів, які ви маєте стосовно себе.

Рівень 2 - Само звернення характеризується такими словами, як "Мені потрібно..." або "Я хочу...", "Я повинен...". Це визнає проблему, але не пропонує рішення.

Рівень 3 - Само звернення характеризується такими словами, як "Я ніколи не отримую більше, ніж маю отримати", "Я більше не відкладаю те, що хочу зробити".

Рівень 4 - Монолог характеризується такими словами, як "Я організований і контролюю своє життя", "Я - переможець, Я - в гармонії зі своїми почуттями, "Я здоровий, енергійний, сповнений ентузіазму і йду до своєї мети. Ніщо не може мене зупинити, я знаю", "Мені подобається, хто Я є", "Я приймаю своє життя таким яким воно є ", "У мене є рішучість, натхнення і віра в себе".

Рівень 5 - Розмова з Собою - Розмова з Богом. У цій розмові йдеться про єдність вашого божественного, Вищого "Я" і Живого Духа, поза часом всесвітньої спорідненості, що виходить за рамки всього матеріального на Землі і надає сенсу вашому існуванню.

Як провести Розмову з Собою:

Тихий монолог – відбувається весь час. Зазвичай ви цього не усвідомлюєте. Це може бути як свідомий, так і не свідомий внутрішній діалог, процес мислення.

Само звернення вголос - все, що ви говорите вголос собі чи комусь про себе або про щось інше, є частиною вашої розмови із самим собою. Те, що ви кажете, коли кажете, є важливою частиною образу і вказівок, які ви даєте своїй підсвідомості.

Власний Діалог - техніка фактичної розмови із самим собою вголос та самостійно підтримуючи обидві сторони розмови! Ваш власний діалог є однією з найефективніших форм розмови із самим собою, оскільки він залучає більше ваших почуттів та змушує вас більше працювати над своїм програмуванням по-новому. Коли ви ведете свій власний діалог, більшість вашого розуму бере в ньому участь!

Само звернення. Письмо - вид розмови із самим собою, який ви пишете, слово за словом, для себе. Це розмова з самим собою, сформульована у конкретних виразах, які безпосередньо відносяться до найважливіших нових інструкцій, які ви хочете передати своїй підсвідомості. Нове програмування, над яким ви найбільше хочете працювати.

Само звернення. Звуковий запис - запишіть розмову з самим собою і відтворюйте її знову і знову своїм голосом.

Правило 21/90

Як Змінити Свої Звички і Стиль Життя

Щоб виробити звичку, потрібен 21 день.
Щоб створити спосіб життя, потрібно 90 днів.

У середині минулого століття пластичний хірург Максвелл Мальц помітив дивну закономірність серед пацієнтів, яких він лікував. Коли він проводив операцію, він виявив, що пацієнту знадобиться приблизно 3 тижні, щоб звикнути до нового.

Досліджуючи далі, Мальц помітив, що для формування нової звички також потрібно приблизно 21 день. Він обов'язково сказав, що це мінімальний час, необхідний для адаптації до нових змін. У 1960 році Мальц опублікував книгу під назвою «Психо-кібернетика».

На практиці це правило досить просте і ефективне. В основному потрібен 21 день, щоб виробити звичку, і 90 днів, щоб зробити її частиною свого способу життя. Після успішного виконання звички протягом 21 дня ви продовжуєте виконувати її протягом наступних 69 днів (що робить загалом 90 днів). Цей тривалий період допомагає закріпити звичку та зробити її більш стійкою.

Тож:

1. Виберіть одну звичку на раз. Зосередьтеся на виконанні цієї звички щодня протягом 21 дня.

Починіть з невеликої, досяжної цілі, якій ви можете присвятити себе протягом наступних 21 дня. Наступний крок — скласти план того, як ви збираєтеся досягти своєї мети.

2. Почніть із простого, щоб допомогти звичці залишитися. Наприклад, якщо ви намагаєтеся виробити звичку виконувати фізичні вправи щодня, спробуйте присвятити вправам 5-10 хвилин замість 1 години. Залишайтеся зосередженими, але будьте терплячими до себе і занотовуйте свій прогрес.

3. Так продовжуйте! Чим ближче до 90 днів, тим легше буде зберегти звичку. Після того, як ви звикнете до нової звички, скористайтеся цим імпульсом, щоб змінити спосіб життя.

Під час вашої подорожі 21/90 найголовніше — залишатися позитивним. Спочатку це може здатися страшною боротьбою зі своїм розумом. Адже его не терпить не підконтрольних йому змін і дисципліни. Можливо, у вас з'являться багато думок які будуть заперечувати вашому плану використання. Якщо так, тоді ви скажете йому у відповідь - «Шуш, тихенько буть, я практикую силу волі. На інші теми пізніше поспілкуємось, а зараз просто спостерігай»

Пам'ятайте, що будь-який прогрес, яким би малим він не був, є позитивним прогресом і що кожного дня ви на крок наближаєтесь до своєї мети, день за днем!

Ми надіємось Вам сподобалась ця книжка. Якщо Вас зацікавили думки викладені на цих сторінках і хочете розвинути їх чи просто дізнатись більше про інші книжки автора, завітайте на нашу веб сторінку.

www. independentwritersnetwork.com

Printed in Great Britain
by Amazon

41267328R00145